Vania Maria Cury

Rio-Brasília
NARRATIVAS SOBRE A MUDANÇA DA CAPITAL

mórula
EDITORIAL

Copyright © Vania Maria Cury.
Todos os direitos desta edição reservados
à MV Serviços e Editora Ltda.

REVISÃO
Marília Gonçalves

PROJETO GRÁFICO
Patrícia Oliveira

CIP-BRASIL. CATALOGAÇÃO NA PUBLICAÇÃO
SINDICATO NACIONAL DOS EDITORES DE LIVROS, RJ
Elaborado por Gabriela Faray Ferreira Lopes — CRB 7/6643

C988r

    Cury, Vania Maria
        Rio-Brasília: narrativas sobre a mudança da capital / Vania Maria Cury. – 1. ed. – Rio de Janeiro: Mórula, 2022.
        240 p. ; 21 cm.

        Inclui bibliografia
        ISBN 978-65-81315-37-5

        1. Rio de Janeiro (RJ) – História – 1956-1960. I. Título.

22-81003   CDD: 981.53
                             CDD: 94(815.3)

Rua Teotônio Regadas 26 sala 904
20021_360 _ Lapa _ Rio de Janeiro _ RJ
www.morula.com.br _ contato@morula.com.br
/morulaeditorial   /morula_editorial

Dedico este ensaio a todos os construtores e habitantes de Brasília, cuja colaboração inestimável foi (e tem sido) essencial para a realização desse grande sonho de mudar o Brasil.

E também a todos os cariocas, de nascença e de coração, que fazem um enorme esforço para que o Rio de Janeiro continue lindo.

Todo aquele tumulto, que parecia desordenado, mas era harmonioso, falava de um Brasil diferente. De um novo país que acordava de um sono centenário e sacudia os músculos, preparando-se para seu grande futuro. Aquele tumulto significava renascimento, ou melhor, reafirmação. O gigante encontrara-se, por fim, a si mesmo, e montava sua tenda no Planalto, de onde comandaria os movimentos do seu imenso corpo. Luzes, ruídos, atividade — eis as vozes que anunciavam uma nova era na existência do Brasil.

[JUSCELINO KUBITSCHEK. Por que construí Brasília. 2ª ed. Brasília, Senado Federal, 2002, p. 113]

SUMÁRIO

9   PREFÁCIO
       Contrastes de um moralismo pequeno-burguês
       Esther Dweck

17   APRESENTAÇÃO

29   ABREVIATURAS E REFERÊNCIAS

31   É carnaval!

47   Tráfego e transportes

69   Habitação e favelas

97   Subúrbios e bairros periféricos

111   (In)segurança

135   Saúde pública

155   Dimensões culturais e entretenimento

183   Cidade maravilhosa

205   A mudança da capital

229   À GUISA DE CONCLUSÃO

235   REFERÊNCIAS

PREFÁCIO

Contrastes de um moralismo pequeno-burguês

ESTHER DWECK
Professora do Instituto de Economia da UFRJ

A LEITURA DE UMA OBRA é sempre um encontro com o desconhecido. A releitura, por sua vez, carrega em si a memória do primeiro encontro e uma miríade de novas percepções que surgem neste tempo-espaço. Foi com enorme satisfação que reencontrei esta obra que retrata o processo de formação da cidade do Rio de Janeiro durante o período da transferência da capital para Brasília. Ao cobrir os anos que se passaram entre o começo da construção de Brasília e a efetiva transferência da capital, a autora oferece ao leitor relatos imprescindíveis para compreender o Rio de Janeiro em sua forma atual. A partir do levantamento sistemático dos principais jornais da época, somado às memórias da autora, vai se revelando ao leitor a assustadora atualidade dos fatos apresentados ao longo dos capítulos.

Estruturado a partir de temas impactantes, como carnaval e dimensões culturais, favelas, subúrbios e transporte, segurança e saúde pública, nos deparamos, nas palavras da autora, com a permanência de certas tendências e características próprias do Rio de Janeiro. A riqueza dos detalhes e a densidade dos conteúdos contrastam com a leveza da prosa, sendo um daqueles livros que não dá vontade de parar de ler.

A leitura dos principais veículos de informação da época é também uma avaliação da forma de comunicação da imprensa brasileira que, desde aquele período, contempla interesses, cria mitos e frequentemente renuncia a apresentar o relato factual. Para além das reportagens temáticas, esta obra oferece ao leitor trechos de grandes cronistas da época, alguns mais bem-humorados e outros mais mordazes, que expressavam as dificuldades associadas à transformação do Rio de Janeiro em uma metrópole de um país periférico.

Neste encontro com o Rio de Janeiro do passado, o leitor encontrará uma nova versão da imagem mais usual associada à cidade. Na segunda metade da década de 1950, havia um contraste entre um Rio de Janeiro libertário e vanguardista e a força dos costumes tradicionais e moralistas. Tal conflito fica nítido na descrição de uma das atividades da polícia à época: evitar as demonstrações mais calorosas de afeto e carinho entre casais. As novidades que marcaram aquele período, como a criação da Bossa Nova, "foram sempre confrontadas com práticas caducas e antiquadas".

Dentre relatos marcantes, descobrimos por que cada inovação das baterias de escola de samba é chamada até hoje de 'bossa'. Foi no carnaval de 1959 que a Acadêmicos do Salgueiro apresentou a primeira 'paradinha' de meio minuto em uma bateria no carnaval carioca. O Jornal do Brasil chamou de 'bossa nova', pois, como relata a autora, na época, tudo que era bom era "cheio de bossa".

O crescimento do carnaval das escolas de samba, que aponta para uma trajetória de maior continuidade, dada a dimensão que os desfiles alcançaram hoje, contrasta com o esvaziamento do carnaval de rua naquele período. Uma marca tão cara hoje à cidade passou, ao longo desses setenta anos, por ciclos importantes de expansão e retração como o que ocorria ali. Dentre as possíveis explicações, como os aumentos de preços abusivos de itens de carnaval, encontramos algumas características que apontam para mais um componente de permanência: a violência policial, como parte integrante do carnaval carioca. Joel Silveira, em 1956, expressou essa percepção de forma clara: "Ao povo, ficou apenas a rua. E a polícia. E a polícia foi, sem dúvida, o grande folião deste Carnaval."

A violência policial aparece em diferentes momentos ao longo do livro e, portanto, ia além da tentativa de manter o controle dos festejos culturais, ansiado pela elite carioca. Joel Silveira surge novamente no livro para relatar o "sangue e a boçalidade" da polícia do Rio de Janeiro, cujas técnicas mais avançadas seriam "o cachação, o espancamento e a tortura", ao "melhor estilo do cangaço".

Esta obra traz como pano de fundo o momento histórico e político das transformações brasileiras naqueles que seriam os 50 anos em 5. Um marco desse período, o desenvolvimento da indústria automobilística, é retratado nas promessas de JK a respeito da produção de automóveis, caminhões, ônibus e jipes 100% brasileiros. Mesmo o Correio da Manhã reconhecia o feito da trajetória em busca da 'emancipação econômica', em linha com os argumentos de Maria da Conceição Tavares. A partir da internalização da produção de autopeças, de máquinas e equipamentos e até das máquinas para abertura de estradas, o Brasil aos poucos passava a produzir o necessário para dar continuidade à industrialização, reduzindo nossa restrição externa ao crescimento. Ainda assim, o tratamento da imprensa carioca dado ao Presidente JK não passa despercebido no livro, acusado de responsável por todas as mazelas que assolavam a cidade.

Em contraposição a essa visão, o livro descreve os efeitos de uma urbanização descontrolada e do crescimento acelerado de grandes cidades, como o antigo Distrito Federal, que ocorria em paralelo à ascensão da industrialização brasileira. A migração em busca de melhores condições de vida, estimulada pelo crescimento de estradas ligando o país, fortaleceu esse crescimento desordenado. As demandas sociais crescentes por moradia, emprego, escolas e hospitais reforçavam a distância entre a realidade social e a expectativa de o Rio de Janeiro seguir um padrão parisiense de urbanização.

Desde a chegada da família real, a tentativa de europeização da cidade do Rio de Janeiro transmutou-se na segmentação da cidade, com benefícios e melhorias concentrados quase exclusivamente no Centro e na Zona Sul. Para grande parte da cidade, permaneciam situações precárias e de carência total. Se, por um lado, em Copacabana, intervenções urbanas nesse período, como a abertura do Túnel Novo e a duplicação da Avenida Atlântica, reduziam os efeitos do rápido crescimento da circulação de automóveis e de coletivos, por outro lado, os moradores dos subúrbios do Rio, cada vez mais afastados do centro, seguindo a expansão da malha ferroviária, corriam risco diário de acidente, como o engavetamento de quinze vagões que deixou quase 150 mortos em março de 1958.

O transporte público era e ainda é uma questão crítica no Rio de Janeiro, marcado desde o princípio por disputas entre governos e concessionárias, com consequências para a população que se revoltava com aumentos de tarifas, superlotação e atrasos constantes, em especial dos bondes que resistiam, apesar do crescimento vertiginoso da demanda. Mesmo com a forte campanha das concessionárias de bondes para mantê-los em circulação, aos poucos, os ônibus começaram a disputar a demanda por transporte. Mantinha-se, todavia, a segmentação da cidade, com as áreas mais nobres mais bem atendidas por transportes públicos.

Novas ruas e avenidas, cada vez mais largas, faziam-se necessárias diante do aumento da circulação de automóveis pessoais que concorriam por espaço com os bondes, ônibus e lotações. E, como diria a música, "cariocas não gostam de sinal fechado" desde aquela época. A (má) educação no trânsito, uma característica triste da cidade, já aparecia nos jornais. Segundo o Diário Carioca, em 1956: "ninguém respeita os sinais luminosos e as faixas. Os veículos trafegam na contramão com a maior desenvoltura".

Com uma forte sensibilidade política e social, a autora nos fornece ricos detalhes de uma característica marcante do Rio de Janeiro, também presente em outras grandes metrópoles do mundo atual: a cidade conviveu de forma permanente com um processo de combinação insatisfatória entre urbanização e pobreza. Temas como crescimento das favelas, pobreza e população de rua são apresentados com minúcias de um momento crucial para a configuração da sociedade carioca.

Nos anos 1950, a crescente favelização já era vista como uma questão social e política que exigia uma solução mais 'assertiva'. Mas não existia um consenso sobre a forma de atuação e nem mesmo um amplo alcance da relevância do problema. "A indiferença, o desprezo, a desconfiança e a repulsa predominaram." De um lado, a elite da época oscilava entre a indiferença e a exigência da eliminação daqueles núcleos habitacionais em meio às regiões cada vez mais modernas. De outro, a população que ocupava encostas de morros para poder ter o acesso à moradia, ainda que em condições precárias, preferia essa solução às alternativas oferecidas pelo poder público. O relato de um morador que foi removido de uma das favelas é estarrecedor: "agora vamos para Vigário Geral por conta da prefeitura. Mas o local ali é ainda pior do que este, porque é cheio de lama, escuro e deserto. Da outra vez, um rapaz morreu afogado no pântano, sem que ninguém pudesse fazer nada".

Ao longo do livro, as adversidades do Rio de Janeiro se encarregam da tarefa de desfazer a crença de que a má-sorte da cidade seria fruto da posterior mudança da capital para o Planalto Central. O crescimento da população em situação de rua, em particular de crianças que pediam esmola e comida nas ruas, é parte desta triste realidade que volta a assolar a cidade em plena década de 2020. A partir de sua vasta experiência como historiadora econômica, a autora revela que a má provisão de serviços públicos, em especial nos subúrbios cariocas, foi discutida em 1956 no IV Congresso de Reivindicações Suburbanas. Os poucos registros desse Congresso são apresentados no livro e indicam que os principais problemas não foram até hoje sanados: as condições de transporte, a saúde, a educação e a urbanização dos subúrbios cariocas.

De forma mais democrática, a carência de abastecimento de água e do serviço de esgotos sanitários afetava quase toda a cidade, sendo foco de muitas doenças. Aqui temos um dos poucos relatos que compõem o livro no qual se destacam avanços nos anos posteriores. Os altos índices de mortalidade infantil, muito ligados a doenças de fácil tratamento profilático, como diarreia, e doenças que acometiam mais crianças, como a paralisia infantil, ainda eram muito comuns naquele período. A autora enaltece os avanços nas décadas seguintes, quando foi possível, a partir de políticas públicas universais, tornar as vacinas obrigatórias desde o nascimento e não mais valendo-se de campanhas pontuais em períodos de forte expansão de determinadas doenças. Cabe destacar que atualmente vemos ser retomado no Brasil um discurso antivacina e uma série de cortes de recursos para a atenção básica, que representam um retrocesso em termos de conquistas que pareciam consolidadas para garantir o bem-estar da população.

Em 2022, a conjuntura política, econômica e social brasileira, marcada por uma disputa eleitoral que contrastou duas propostas diametralmente opostas de país, reforça a importância desta nova edição. Sem desconsiderar ou mitigar o impacto da transferência da capital para Brasília sobre o Rio de Janeiro, esta obra busca ao mesmo tempo desmitificar seus efeitos e denunciar a incapacidade de se enfrentar problemas básicos que já caracterizavam o Rio de Janeiro quando ainda era o Distrito Federal.

No passado, o noticiário jornalístico ocupou-se de cobrir as adversidades cotidianas, em especial aquelas mais diretamente relacionadas à população mais abastada. Hoje, permanece sua omissão como agente mobilizador da sociedade, furtando-se da tarefa de repercutir ideias que possam impulsionar benefícios a toda a população e debater projetos políticos que busquem soluções permanentes para problemas que se perpetuam por décadas. Ao leitor caberá ressignificar a visão idílica de 'cidade maravilhosa', inspirada em sua exuberante beleza natural, uma vez diante dos contrastes de um moralismo pequeno-burguês, carregado de preconceitos, e do cerceamento de oportunidades a uma grande parte de sua população.

APRESENTAÇÃO

ESTE ENSAIO É O RESULTADO de uma longa e cuidadosa pesquisa realizada nos jornais do Rio de Janeiro, a capital federal, publicados durante os anos da construção de Brasília (1956-1960). Além dos relatos da imprensa, o trabalho contou ainda com a minha própria experiência de carioca nascida e criada no Rio de Janeiro, pois minhas lembranças e histórias ajudaram a compreender e a iluminar as informações extraídas dos periódicos consultados. Essa composição de memória pessoal com registro documental expressa o desejo de entender de que modo foram sendo moldados alguns mitos que procuram explicar as condições históricas em que se deu a mudança da capital do Brasil para o Planalto Central. Pretende-se aqui discutir algumas ideias basilares que dominam o imaginário sobre o tema até hoje.

Dois aspectos mais importantes procederam do levantamento aqui realizado: permanência e mudança. Embora pareçam contraditórios entre si, expressam de forma categórica as características predominantes no contexto abordado. Muitas coisas se modificaram de maneira extraordinária na cidade do Rio de Janeiro e no Brasil, nos últimos sessenta anos. Outras tantas permaneceram idênticas, e sua longa e lenta trajetória indicaria uma resistência tenaz de certas forças socioeconômicas, cuja superação e/ou confrontação tem sido um imenso desafio para diversas gerações.

Entre as mudanças mais extraordinárias destacam-se aquelas relacionadas à tecnologia, que envolvem desde a simples produção alimentar até os equipamentos eletroeletrônicos e a instantaneidade da comunicação (o famoso "tempo real"). Nos anos 1950, havia poucos alimentos industrializados disponíveis, e isso se refletia inclusive nas receitas culinárias e na maneira de se alimentar da população. A televisão dava ainda os seus primeiros passos, e o uso do telefone, sobretudo para ligações interurbanas, era uma tremenda dificuldade. O plástico, que viria a ser amplamente utilizado para diversas finalidades na indústria, era uma novidade promissora que recebia o pomposo nome de "matéria plástica" e iniciava sua arrancada revolucionária no campo dos novos materiais. Como o Brasil mudou!

No âmbito das permanências, as que mais se destacavam eram aquelas ligadas à enorme desigualdade social que tem caracterizado o desenvolvimento brasileiro. A precariedade das condições de vida de uma imensa parcela da população se refletia em amplos espaços da capital, marcados pela presença constrangedora de numerosas favelas e comunidades habitacionais insalubres e dominados pela atividade improvisada de ambulantes e demais prestadores de serviços informais e pedintes. Assim, o panorama social da capital federal, que representava o cenário brasileiro na sua forma mais acabada, era um conjunto de contradições em que o novo, o moderno e o avançado conviviam com o velho, o antiquado e o atrasado numa desconformidade tensa e dramática que se prolongaria por muitas décadas. Como o Brasil permaneceu igual!

Os anos da construção de Brasília foram assinalados por mudanças também acentuadas na composição urbana do país. Enquanto o setor agrícola nacional dispensava grandes contingentes de mão de obra (muitas vezes, de forma violenta), sem promover o avanço simultâneo da reforma agrária, a construção febril de rodovias por todas as regiões tendia a facilitar as migrações internas e a aproximar os trabalhadores rurais dos centros urbanos. Não é preciso lembrar que, sem as qualificações adequadas à vida nas metrópoles, essa força de trabalho permanecia muito tempo à margem do mercado de trabalho em formação e/ou expansão. Suas formas de inserção, portanto, inclinavam-se à precariedade e à insuficiência, deixando um rastro de consequências que impregnariam a evolução do país por muito tempo:

> Entre 1950 e 1970, quase 39 milhões de pessoas migraram do mundo rural e se transformaram em trabalhadores urbanos vulneráveis em razão do processo incompleto do assalariamento e da precária propriedade da moradia autoconstruída. Nesse contexto, a informalidade do trabalho e da produção da casa constituiu-se em poderoso instrumento de amortecimento dos conflitos sociais próprios do modelo de expansão capitalista baseado na manutenção de elevada concentração da riqueza e da renda. (Ribeiro; Júnior, 2011, p. 4)

A cidade do Rio de Janeiro, metrópole avançada da urbanização brasileira, foi uma das representações mais emblemáticas desse processo contraditório de evolução. Justamente no período da construção de Brasília, a capital enfrentou alguns dos mais duros momentos de sua história, seja pela dimensão das transformações em curso, seja pela dificuldade de encará-las com ações efetivas e duradouras. Em parte, isso pode ser atribuído a uma forma particular de enxergar a si mesma, típica da elite carioca. Uma de suas posturas recorrentes era a de considerar a cidade um paraíso em si mesmo. Como quem diz, "o Rio é a 'cidade maravilhosa' dos cartões-postais, não importa o que mais acontecer. Nossos problemas, sejam eles quais forem (mais ou menos graves), não são capazes de tirar o imenso brilho da metrópole carioca. Os nossos encantos transcendem todo o resto."

Entre 1956 e 1960, a imprensa do Rio de Janeiro demonstrou essa postura praticamente o tempo inteiro. De um lado, desprezava a nova capital localizada no "nada" do Planalto Central, produzindo matérias e reportagens que davam conta das dificuldades impressionantes que cercavam a sua edificação. O pessimismo era o tom (quase) permanente das notícias, sempre colocando em dúvida tanto o acerto da decisão de fazer Brasília quanto a capacidade de inaugurá-la na data prometida. Raros eram os relatos positivos acerca do projeto (a exceção principal era o Diário Carioca, em geral mais simpático ao presidente JK, ou menos hostil). De outro, os jornais lamentavam as perdas que seriam sentidas pelo Rio de Janeiro, considerando-as injustas, demonstrando, ao mesmo tempo e de modo contraditório, certo desdém pela transferência da capital. Por exemplo, "podem ir, não precisamos mesmo de vocês. Vamos sobreviver muito bem."

Esse discurso de desprezo e ressentimento misturados foi recorrente nos jornais cariocas durante todo o período da construção de Brasília. Os editoriais e artigos de opinião da imprensa local tinham, em geral, praticamente o mesmo padrão. Em meio à depreciação da mudança da capital[1], apareciam, porém, notícias e relatos sobre as muitas agruras da capital federal, que apontavam questões raramente contempladas nos textos de opinião. Tendo em vista a oposição de diversos órgãos de imprensa ao presidente Juscelino Kubitschek, fundamentalmente sob a alegação de que ele havia sido eleito com o apoio dos comunistas e com baixo percentual de eleitores (33%), a má vontade quanto ao seu governo era mesmo declarada. Ainda assim, os grandes jornais não puderam fugir ao registro das inúmeras e imensas dificuldades por que passava o Rio de Janeiro da época, e que nada tinham a ver com a mudança da capital para Brasília.

Alcunhada de 'cidade maravilhosa', a capital brasileira padecia de certas deficiências seculares. A sempre alegada falta de recursos era a justificativa primordial para o adiamento contínuo das soluções requeridas para os graves problemas urbanos que acometiam a metrópole carioca. Habitação popular, saneamento, transporte

---

[1] De fato, a mudança da capital do Brasil foi proposta na primeira Constituição republicana, promulgada em 1891, e depois foi reafirmada nas duas Cartas Constitucionais posteriores, de 1934 e 1946. Somente no governo JK o projeto acabou sendo finalmente tirado do papel. Na realidade, portanto, a construção de Brasília pode ser considerada como cumprimento de uma decisão constitucional, respeitando, inclusive, a localização sugerida pelos estudos realizados em 1891.

público, abastecimento, insegurança, educação (rede escolar) e saúde (rede hospitalar) eram os principais contratempos enfrentados pelos habitantes da cidade. Queixas e reclamos eram constantes, assim como as manifestações mais desabridas promovidas, sobretudo, pelos estudantes, diante dos aumentos sucessivos das tarifas de transporte coletivo. Quebra-quebras nas estações de trem também costumavam ser frequentes, em reação aos constantes atrasos das composições. Desse meio de transporte dependiam milhares de trabalhadores que viviam nos subúrbios da cidade.

Por isso mesmo, os temas abordados neste ensaio foram escolhidos com base na regularidade com que apareceram na imprensa da época, e também em razão de sua relevância para a problemática da urbanização capitalista, da qual a história da cidade do Rio de Janeiro é um dos exemplos mais fascinantes. O lastro de desconformidade legado por essa evolução é o desafio de todas as horas para os governantes. Aos mais abastados, porém, esses obstáculos não chegaram a perturbar. Era possível (e ainda é) viver uma boa vida na bela região do Rio de Janeiro, dispondo dos meios materiais para usufruir de todas as suas vantagens. A beleza natural era a maior de todas. Junto a ela, restavam ainda as oportunidades de trabalho e educação formal, que garantiriam um futuro promissor a quem pudesse delas desfrutar.

Para uma grande parte da população, no entanto, as condições eram, em geral, muito penosas. A vida nas favelas e aglomerações insalubres era bastante difícil, e não é preciso muito esforço para explicar (e compreender) isso. Nos subúrbios, por sua vez, que iam se tornando mais distantes do centro em virtude do crescimento da cidade, as carências não eram menores. A condução era precária; o fornecimento de energia elétrica, intermitente; a rede de cobertura telefônica, insuficiente; escolas e hospitais, escassos; áreas de lazer, inexistentes. O mais grave de todos esses contratempos, porém, era a falta d'água, junto ao precário saneamento. Com temperaturas elevadas durante a maior parte do ano, o Rio de Janeiro era quente e úmido e tornava a água abundante uma necessidade quase desesperada. Mas a água, nessa época, era escassa na cidade e deixava os seus habitantes na maior secura. O abastecimento de gêneros de primeira necessidade também deixava muito a desejar. Os embates entre fiscais da prefeitura e comerciantes deixaram a sua marca na história. A corrupção e a má-fé tendiam a perturbar ainda mais o funcionamento regular do comércio de produtos alimentares na cidade; eram frequentes as sonegações e fraudes praticadas pelos lojistas, assim como as extorsões executadas pelos fiscais. Os que mais sofriam com isso eram os consumidores pobres e remediados, que tinham de enfrentar filas de espera, funcionários venais e preços exorbitantes. Nas datas festivas, como Páscoa, Natal e carnaval, por exemplo, a carência de gêneros e a subida escandalosa dos preços tornavam a vida do carioca ainda mais sacrificada. A criação de órgãos fiscalizadores e reguladores não foi suficiente para mitigar o problema.

No limite, os jornais decretavam a decadência da metrópole, mas acabavam buscando consolo no mito da 'cidade maravilhosa'. Oscilavam quase o tempo todo nesse pêndulo. Pareciam espelhar a ironia dramática de uma região em que faltava água potável para consumo diário, ao mesmo tempo em que temporais torrenciais desabavam sobre o seu território, provocando enchentes avassaladoras. A culpa era sempre atribuída ao poder público, nas suas várias esferas municipais e federais, mas a sociedade, sobretudo a sua elite pensante, era isenta de qualquer responsabilidade. Algo como "vivemos numa cidade cheia de problemas, mas não podemos fazer nada. Quem tem a obrigação de resolvê-los não o faz. Somos condenados a um malfadado destino, apesar de todas as belezas e qualidades que possuímos. É o preço a pagar."

Assim evoluiu a cidade do Rio de Janeiro, nos anos da construção de Brasília, segundo o olhar da imprensa carioca. Para a posteridade, ficou a imagem consolidada de uma capital cheia de charme, a mais bela do mundo, habitada por um tipo especial de gente — o carioca — que trazia na alma o pendor da alegria e da boa vontade. A vocação para a felicidade e a sensualidade seriam as suas principais características. Ao mito que ia sendo forjado nesses termos, juntou-se o otimismo do projeto desenvolvimentista de JK, que prometia modernizar o Brasil para situá-lo no patamar dos países avançados, fazendo 50 anos em 5. Nesse meio-tempo, a criação da bossa nova e a vitória da seleção canarinho na Copa do Mundo da Suécia, em 1958, contribuíram para divulgar, no exterior, uma ideia de país cada vez mais promissor.

Brasília representava essa ascensão brasileira de modo simbólico. Ali estaria o novo Brasil, moderno, arrojado, planejado para o futuro. Ao Rio de Janeiro restou se agarrar, cada vez mais, ao mito tantas vezes reafirmado de um modo de ser peculiar, único, gracioso e boêmio, disposto ao prazer e ao contentamento. Mesmo em períodos históricos ausentes de fortes motivos para júbilo, quando as condições de violência urbana e instabilidade tendem a se agravar, essas características que se dizem próprias do carioca e do Rio de Janeiro são recriadas com força total. E é na imprensa, sobretudo, que voltam a ser exaltadas e estimuladas, por meio de notícias, relatos e campanhas que procuram reforçar o amor-próprio da população da cidade. O carnaval e o dia 31 de dezembro, data da virada do ano e da grande festa na praia de Copacabana, são as ocasiões preferenciais desse movimento afirmativo do "carioca gente boa".[2]

---

[2] Poucos dias antes da decisão que escolheria a cidade-sede das Olimpíadas de 2016, em outubro de 2009, a revista norte-americana Forbes publicou uma reportagem que apontava o carioca como "o povo mais feliz do mundo". Provável estratégia de *marketing* para promover a candidatura da cidade, a matéria reproduzia conceitos que já haviam sido apresentados mais de um ano antes pelo ex-diretor do COI que assessorava o comitê brasileiro na disputa pela sede olímpica. Em entrevista concedida a um jornal carioca, o inglês Michael Payne alardeava: "O Rio tem a alegria em seu DNA" (O Globo. Rio de Janeiro, 29 de junho de 2008, p. 27).

Na prática, porém, o que ocorre é bem diferente. Embora sejam inegáveis certas qualidades do povo do Rio de Janeiro, encontradas também em outras cidades e regiões do Brasil, com seus matizes e nuanças particulares, a cidade está longe de ser um paraíso e sua população distante do clichê da felicidade permanente. De fato, esse mito da alegria infinita, tantas vezes reforçado e recriado, acaba por dificultar o verdadeiro enfrentamento dos problemas locais, que seria muito mais útil para prover uma real condição de bem-estar e de satisfação para todos os habitantes da cidade. Quando as situações se apresentam, assim, tende-se a preferir o caminho mais fácil da galhofa e da brincadeira, usando o recurso da exaltação à 'carioquice', que está sempre à mão nas falas de poetas, escritores, jornalistas, músicos e demais representantes da elite intelectual local. Qualquer outra coisa soaria como mau humor puro!

Foi assim que grande parte dos jornais cariocas tratou a construção de Brasília e a transferência da capital. Em meio ao turbilhão de problemas que os habitantes do Rio de Janeiro enfrentavam em seu dia a dia de dificuldades crescentes, para muitos, o lenitivo para todos os males foi colocado na fundação do Estado da Guanabara. A ideia de uma cidade-estado parecia-lhes a mais conveniente para garantir o *status* da velha capital na federação brasileira. E foi a melhor solução pensada para a perda de recursos federais e de investimentos que a cidade certamente sofreria quando deixasse de ser a sede do poder nacional. Todas as discussões giraram em torno desses aspectos, sem dúvida, muito importantes. Ficaram de lado, no entanto, os velhos dilemas que tanto afetavam a sua população, postergados para outras eventualidades mais fortuitas e para conjunturas mais prósperas, quem sabe.

O fato é que o desenvolvimento do Brasil ocorreu sem a promoção simultânea do bem-estar social da grande massa do povo. Essa talvez seja a característica mais dramática do capitalismo brasileiro. E, embora já seja por demais conhecida e debatida, não pode ser descuidada na questão aqui proposta. Não só no caso da transferência da capital, mas em tantas outras circunstâncias decisivas, o enfrentamento das questões fundamentais de infraestrutura urbana como habitação, saneamento, transporte público, segurança, saúde e educação tem sido relegado a um plano secundário no conjunto das políticas públicas mais importantes. Apesar do agravamento atual, a perspectiva histórica revela que as condições presentes foram sendo alimentadas e aumentadas ao longo de décadas de descaso e adiamento. Não se chegou a tal quadro de dramaticidade em poucos meses. Essa foi uma tragédia anunciada:

> Apesar de a grande maioria dos brasileiros viver nas cidades, o universo urbano ainda é bastante desconhecido pela sociedade e também pelas instituições nacionais. As tragédias frequentes que nos atingem direta ou indiretamente, como enchentes, desabamentos de morros, crescimento geométrico de favelas, índices altos de acidentes de tráfego, poluição do ar e dos rios, epidemias, entre outras, participam do cotidiano da sociedade, embora ela não se dê conta do fio que liga todos esses fatos e que está na base do processo de crescimento urbano brasileiro. Neste fim de século, o problema ambiental da moradia, as crianças desamparadas e a violência urbana assumem proporções gigantescas e ocupam todas as agendas. (Maricato, 1997, p. 97)

Esse paradoxo do desenvolvimento brasileiro pode ser bem observado na década de 1950, no Rio de Janeiro. Ao mesmo tempo em que a cidade ganhava ares de metrópole avançada, com seus arranha-céus cada vez mais altos, automóveis e vias expressas, espaços públicos e privados modernos, tecnologias de ponta, deixava crescer em suas entranhas inúmeros espaços sem nenhum tratamento urbano convencional, nos quais se amontoavam milhares de famílias em busca de moradia, vivendo em condições precárias e arriscadas. Novos bairros eram criados para a residência da classe média, ao passo que os mais pobres eram empurrados para localidades cada vez mais distantes do centro ou concentrados nos morros e encostas abundantes da cidade. Sem nenhum tipo de controle, esse processo ganhou vida própria e se robusteceu.

É disso que trata este ensaio. Seu objetivo é falar das contradições do Rio de Janeiro, sem apelar para a saída fácil da ironia e da presunção. Sua intenção é propor uma reflexão. Da mesma forma, esta é uma história vivida, e não apenas contada. Tomando emprestadas também as minhas próprias memórias, talvez seja possível olhar mais de perto uma cidade que cresceu sem jamais corrigir os seus erros e excessos. O Rio que se vê das janelas, das ruas e das memórias é bonito e feio, acolhedor e assustador, moderno e muito atrasado. Para vivê-lo e compreendê-lo é fundamental abandonar os mitos que se criaram, sobretudo, em torno da transferência da capital. A cidade não era maravilhosa e depois se perdeu. A cidade sempre foi complexa, dura, hostil de inúmeras formas. Seus encantos merecem ser realçados, mas seus dramas também precisam ser encarados.

Há muita literatura sobre o Rio de Janeiro. Felizmente, para entendê-lo e estudá-lo, hoje, a fartura é imensa. Durante todo o texto, será feita menção a autores e trabalhos diversos, todos muito importantes. Um destaque especial deve ser dado ao livro que fundamentou as hipóteses aqui apresentadas sobre o papel dos jornais cariocas na formação dos mitos abordados neste ensaio. Sua autora procurou mostrar que o jornalismo e os jornalistas, naquela década, passaram por um processo de modernização sob influência norte-americana que conferiu à imprensa brasileira grande parte de sua feição atual. Os jornais cariocas não revigoraram apenas o mito da cidade maravilhosa para o Rio de Janeiro, diante da transferência da capital para Brasília. Criaram para si mesmos a fábula da imparcialidade e da neutralidade que perdura até hoje!

Para Carlos Eduardo Lins e Silva, o jornalismo brasileiro incorporou os princípios do modelo norte-americano no discurso, mas não na sua prática profissional. No Brasil, todos se dizem objetivos, mas ninguém é de fato: "Não no sentido de que seja impossível ser, mas no sentido de que se é ostensivamente partidário na cobertura, com títulos de notícias editorializados, com clara preferência por uma tendência política ou ideológica, distorção intencional dos fatos para favorecer uma visão particular do mundo." Como o autor afirma, a importação do modelo norte-americano não poderia mesmo ser absoluta, já que as diferenças culturais, políticas, econômicas entre as duas sociedades (a brasileira e a norte-americana) necessariamente modificariam o caráter original das noções. (Ribeiro, 2007, p. 337) [3]

A fim de evitar eventuais incompreensões, que poderiam resultar em pendengas judiciais, os nomes dos malfeitores ou suspeitos citados nas matérias dos jornais foram substituídos por designações de fantasia. Espera-se, com isso, ter garantido a presunção de inocência dos próprios e dos seus descendentes, posto que não fossem devidamente acompanhados, por esta pesquisa, os desdobramentos das investigações.

---

[3] A referência a Carlos Eduardo Lins e Silva é da obra: *O adiantado da hora*: a influência norte-americana sobre o jornalismo brasileiro. São Paulo: Summus, 1991, p. 101.

ABREVIATURAS E REFERÊNCIAS

A FIM DE NÃO SOBRECARREGAR O TEXTO com referências excessivas, cumpre informar que, para a realização deste ensaio, foram pesquisados os seguintes jornais cariocas: Correio da Manhã, Diário Carioca, Diário de Notícias, Jornal do Brasil e Jornal do Commercio, entre os anos de 1956 e 1960, inclusive. As coleções (quase sempre) completas dessas publicações encontram-se na Seção de Periódicos da Biblioteca Nacional, no Rio de Janeiro. Hoje, podem também ser consultados por meio eletrônico, no site Hemeroteca Digital Brasileira da Biblioteca Nacional.[4] Sempre que for necessário, serão transcritas as notícias e/ou as colunas de opinião, apresentadas com as devidas indicações (nome do jornal, data e número de página), empregando-se as seguintes abreviaturas para cada um:

- Correio da Manhã — CM
- Diário Carioca — DC
- Diário de Notícias — DN
- Jornal do Brasil — JB
- Jornal do Commercio — JC

Embora estivessem passando por um amplo processo de reorganização, nos moldes da moderna imprensa dos Estados Unidos, e caminhassem na direção de uma profissionalização mais 'impessoal' dos seus quadros, os principais jornais cariocas ainda conservavam alguns dos seus cronistas mais famosos e prestigiados, que

---

[4] Disponível em: https://memoria.bn.br/hdb/periodico.aspx. Acesso em: 25 ago. 2022.

nem sempre eram jornalistas, assim como repórteres especiais que abrilhantavam a cobertura do noticiário sobre a cidade e o mundo. Essa relativa 'personalização' do jornalismo diário, no Rio de Janeiro, na forma de colunas de opinião, contribuía para dar aos relatos do cotidiano da cidade um olhar mais crítico e judicioso, sendo ao mesmo tempo um chamado à reflexão e à indignação dos leitores.

Entre crônicas e reportagens assinadas, entre notícias e relatos curtos, serão apresentados a seguir alguns dos principais aspectos que marcaram a vida no Rio de Janeiro durante a construção de Brasília. Como será visto, determinados registros da imprensa constituem preciosas captações dos momentos exatos em que ocorreram fatos e eventos que marcaram de modo definitivo a cidade e os seus habitantes, e servem como testemunhos curiosos de uma vitalidade histórica singular.

— É carnaval!

Desfile do Cordão da Bola Preta, na Avenida Rio Branco, centro do Rio de Janeiro, no carnaval de 1959. FONTE: Arquivo Nacional. Fundo Correio da Manhã.

ORA EM FINAL DE FEVEREIRO, ora em princípio de março, durante os anos da construção de Brasília, o carnaval já fazia parte do calendário festivo do Rio de Janeiro. Dois movimentos aparentemente contraditórios, no entanto, pareciam pontuar as festas de Momo na capital federal: de um lado, os desfiles das escolas de samba se tornavam cada vez mais populares, sendo que as agremiações se esmeravam na arte de produzir aquele que seria considerado por muitos como o "mais belo espetáculo da Terra". Desfiles grandiosos, ricos em alegorias e adereços, originais em seus enredos, protagonizados por multidões de dançarinos e ritmistas, conquistaram para as escolas de samba cariocas não apenas um número exuberante de adeptos, como o reconhecimento de seu significado fundamental e inequívoco para o carnaval do Rio de Janeiro, e do Brasil, garantindo-lhes o apoio do poder público e da imprensa.[5]

Entre idas e vindas determinadas pelo fim da Praça Onze, na década de 1940, o lugar original dos desfiles do samba foi sendo progressivamente definido na região central da cidade, entre as avenidas Presidente Vargas e Rio Branco, ao longo da década de 1950.[6] Embora contassem com o apoio da prefeitura local, inclusive sob a forma de uma premiação em dinheiro, as agremiações carnavalescas ainda gastavam muito mais do que recebiam para realizar sua grande exibição na avenida, e reclamavam uma profissionalização maior de suas atividades principais. Isso viria somente com o tempo, tornando-as um dos empreendimentos mais bem-sucedidos do país.

---

[5] Um relato detalhado de todo esse processo de transformação pelo qual passaram as escolas do Rio de Janeiro, desde a sua primeira formação, é apresentado por Sérgio Cabral em sua obra já conhecida: *As Escolas de Samba do Rio de Janeiro*. Rio de Janeiro: Lumiar Editora, 1996.

[6] Em 1984, foi finalmente inaugurado o sambódromo, ou passarela do samba, na Avenida Marquês de Sapucaí, atual sede oficial do majestoso desfile das escolas de samba do Rio de Janeiro.

Com a instituição de comissões julgadoras e a definição de itens obrigatórios nos enredos, as escolas de samba acabaram sendo estimuladas a buscar superação em diversos aspectos de sua exibição, a fim de alcançar a vitória com o maior número de pontos. Foi assim que a agremiação dos Acadêmicos do Salgueiro, no carnaval de 1959, inovou com a introdução da famosa 'paradinha' de meio minuto de sua bateria, encantando os admiradores da percussão das escolas de samba do Rio de Janeiro. "Bateria de Acadêmicos vai parar meio minuto: bossa nova que do Salgueiro vem" (JB, 09 de janeiro de 1959, p. 7) — foi a maneira graciosa de o Jornal do Brasil noticiar a novidade, chamando de "bossa nova" a inovação prometida pela bateria salgueirense. Na época, tudo que era bom era cheio de bossa, era bossa nova!

A criatividade exuberante dos sambistas cariocas, que se expressava nas letras e melodias dos sambas de enredo, nas fantasias, nas alegorias e nos adereços, nas marcações e nas batidas inovadoras, aliada ao incentivo adicional da sagração das campeãs anuais, com todo o prestígio e reconhecimento daí advindos, contribuiu para transformar o desfile das escolas de samba no maior evento do carnaval da capital, pelo qual ela também se tornaria conhecida e admirada no mundo inteiro. Dali em diante, a festa jamais perderia força, ampliando cada vez mais o seu indubitável poder de atração. Fãs de dentro e de fora do Brasil marcavam presença no grande evento anual.

Todavia, ao mesmo tempo em que noticiavam os diversos fatos ligados ao desfile das escolas de samba na avenida, os jornais cariocas também questionavam aquilo que denominavam, com certo pesar, de esvaziamento do carnaval de rua, uma velha tradição da cidade do Rio de Janeiro, que vira nascerem as brincadeiras de Momo ainda no século XIX. "Milhares de pessoas já estão fugindo do carnaval carioca. Intensa reserva de passagens" — era o título de uma reportagem publicada no início de 1958 (DN, 29 de janeiro de 1958, Segunda Seção, p. 1), que dava conta da preparação das viagens de inúmeros residentes da capital. Nesse que parece ter sido um ano típico de evasão de cariocas e demais habitantes, outro jornal anunciava em sua manchete, com alarde — "Vereadores não reconhecem legitimidade do reinado de Momo: vão embora do Rio" (JB, 16 e 17 de fevereiro de 1958, 2º Caderno, p. 1).

De fato, esse hábito de abandonar a cidade em determinadas fases do verão tinha sido inaugurado pela família imperial, no século XIX, que rumava para seu palácio em Petrópolis, na região serrana do Rio de Janeiro, em grande medida para fugir do calor excessivo e dos surtos epidêmicos de febre amarela que castigavam a capital de modo contumaz. É curioso perceber que, em pleno século XX, aquela que se tornara a festa mais famosa da cidade, o seu símbolo, por assim dizer, não interessasse a uma parte significativa de seus moradores. Eles fugiam não de um surto de doença contagiosa, mas de uma "ofegante epidemia que se chamava carnaval", nas belas palavras de Chico Buarque de Holanda. E os seus destinos preferenciais, como indicavam as matérias dos jornais, costumavam ser justamente as cidades serranas do Estado do Rio (Petrópolis, Teresópolis, Nova Friburgo) e o Estado de São Paulo, suficientemente distantes do frenesi carnavalesco carioca.

Havia toda uma discussão em torno do assunto, na imprensa. De um lado, lia-se a reclamação pelo esvaziamento do carnaval de rua, uma velha tradição que caía em desuso por inúmeras razões. De outro, buscava-se apontar as prováveis causas desse desinteresse progressivo de muitos cariocas pelos festejos momescos. Um dos motivos apontados era o aumento excessivo dos preços das mercadorias carnavalescas, entre as quais se destacava o lança-perfume, cuja utilização pelos foliões ainda era permitida pelas autoridades. A proximidade do carnaval tendia a dificultar o acesso da população aos bens típicos da folia: "Proibitivo o custo de quase todos os artigos de Carnaval. Subiram as máscaras, os pandeiros, o confete e as fantasias. Lança-perfume a cem cruzeiros" (DN, 29 de janeiro de 1956, Segunda Seção, p. 1).

A fim de tentar contornar essas dificuldades, o governo tabelava as bebidas e os refrigerantes, pelo menos durante os quatro dias de carnaval, para que os foliões se divertissem à vontade, como desejavam fazer. Havia um limite de preços máximos que podiam ser cobrados pelos comerciantes, mas as dificuldades de fiscalização impediam que as medidas governamentais fossem totalmente efetivas, dando margem a muita confusão. Desse modo, os preços proibitivos dos itens que compunham o consumo básico dos carnavalescos do Rio de Janeiro eram apontados como os principais causadores do esvaziamento das ruas durante os festejos momescos. Mas, havia ainda outra causa também considerada relevante pelos jornalistas: a ação da polícia. Durante o carnaval, eram inúmeras e recorrentes as queixas contra a violência policial.

Os desmandos praticados pelos policiais contra os foliões e blocos que saíam às ruas da cidade, revelando um excesso de violência e repressão, inclusive no desfile das escolas de samba, eram partes integrantes do carnaval carioca. No entanto, da parte dos órgãos encarregados da ordem pública, a justificativa era posta nos exageros cometidos pelos próprios carnavalescos, ou por quem se fazia passar por um deles. As normas do chefe de polícia do Rio de Janeiro procuravam controlar as brincadeiras inclusive dentro dos clubes espalhados pela cidade, que organizavam bailes de carnaval. Além de proibir os 'trenzinhos' nos salões, vedavam também as fantasias de hábitos religiosos, de uniformes das forças armadas ou da polícia, ou ainda que expressassem 'falta de pudor' (seja lá o que isso for). O objetivo declarado era dar o máximo de liberdade, sem descontroles e licenciosidades. Como se fosse possível!

No mesmo ato, a chefia de polícia determinava ainda que fosse terminantemente proibido brincar o carnaval usando calções de banho, maiôs ou biquínis, assim como queimar fogos de artifício, usar lança-perfume em recintos fechados, maltratar animais, consumir entorpecentes, praticar danos contra propriedades e embriagar-se (DN, 11 de fevereiro de 1956, p. 1). Como se pode observar, a lista era longa. Mas as preocupações das autoridades também. No começo de 1959, por exemplo, foram baixadas novas normas que determinavam aos blocos a necessidade de licença policial para sair às ruas (JB, 03 de janeiro de 1959, 2º Caderno, p. 10). Isso valia tanto para cordões quanto para simples grupos improvisados, durante os festejos que precediam o carnaval (batalhas de confete, passeatas, banhos de mar à fantasia) e mesmo nos dias próprios da folia. Em sua justificativa, o chefe de polícia alegava que a decisão fora tomada diante das muitas queixas recebidas sobre incidentes ocorridos no Natal e na noite de São Silvestre (31 de dezembro), provocados por falsos foliões.

Havia fartos registros de assaltantes e bandidos fantasiados, que se organizavam em pequenos grupos e se misturavam aos cordões populares para assaltar e roubar pessoas e lojas, em toda a cidade. Era uma festa e tanto! Com as ruas cheias, a bebida em profusão, muito barulho e gritaria, não era difícil promover esse tipo de ato praticado pelos meliantes. A atuação da polícia era revestida de forte repressão. No afã de cumprir o seu papel, na maior parte das vezes, os policiais também costumavam cometer toda sorte de abusos:

> Campanha da polícia contra falsos blocos carnavalescos — O delegado Rui Tenório, do 2º Distrito Policial, iniciou ontem uma enérgica campanha contra os improvisados blocos carnavalescos que percorrem as ruas de Copacabana, praticando toda sorte de crimes e desatinos. (DC, 20 de janeiro de 1957, p. 10)

Esse confronto permanente entre policiais e foliões nas ruas da cidade, durante o carnaval, pareceu constar de todas as edições dos festejos. Nas tiragens seguintes aos dias de festa, os jornais exibiam inúmeras fotos que mostravam a pancadaria comandada pelos guardas no meio da multidão de brincalhões. Invariavelmente, muitos acabavam presos, quase sempre machucados. Era incrível que a festa resistisse, mesmo assim, a todas essas desordens constantes. Numa crônica intitulada "O Choro", Joel Silveira fez um retrato irônico e indignado desse enfrentamento carnavalesco público, característico do Rio de Janeiro:

> O carnaval das ruas murcho, contemplativo, prova de como os ricos estão cada vez mais donos deste país. Trancaram a festa do povo nos clubes, afastaram o povaréu, isolaram-se. Ao povo, ficou apenas a rua. E a polícia. E a polícia foi, sem dúvida, o grande folião deste Carnaval. Aí estão os flagrantes fotográficos, nos jornais e revistas, documentando a sádica esbórnia muscular dos beleguins. Foi uma colossal farra de cachações, socos e golpes de judô, tudo nas costas do povo inerme. (Crônica de Joel Silveira, DN, 17 de fevereiro de 1956, p. 2)

O esforço de 'moralização' do carnaval carioca ia longe, não se restringia às normas policiais para controle das ruas e dos bailes. No começo de 1960, os jornais publicaram as condições para inscrição no concurso que iria eleger a Rainha do Carnaval do Rio de Janeiro (uma tradição da cidade). Eram exigências fundamentais: ter mais de 18 e menos de 30 anos, ser brasileira nata e possuir reputação moral e espírito carnavalesco (seja lá o que isso for); desfilar em traje esporte (ficavam proibidos biquínis, maiôs e *shorts*) e em roupa de baile ou fantasia. Como prêmio por todo esse bom comportamento, a vencedora (ou seria a 'mocinha'?) seria agraciada com cheque no valor de cem mil cruzeiros (cerca de R$ 38.000,00)[7] e mais uma coroa de ouro de lei, de 18 quilates (DN, 05 de janeiro de 1960, Segunda Seção, p. 4).

Todas essas normas rígidas e tradicionalistas, que revelavam o

---

[7] A atualização de todos os valores apresentados neste trabalho foi feita com base nas informações da Calculadora do Cidadão, do Banco Central do Brasil, utilizando o IGP-DI (FGV), a partir de fevereiro de 1944.

apego das autoridades e dos organizadores dos festejos às convenções sociais da época, parecem contradizer a imagem forjada no mito da sensualidade carioca, da vocação constante para o prazer e a alegria, da voluptuosidade dos habitantes do Rio de Janeiro. Como encaixar nesse ideal libertário, tantas vezes propalado sobre a cidade, a candidata a Rainha do Carnaval que deve "possuir reputação moral" e não pode desfilar de maiô ou biquíni? O recato substitui a ousadia, o pudor esconde as formas do corpo, a mulher ainda se encontra sob rígido controle de padrões morais pautados na austeridade e na intransigência. A pretendente digna do título deveria ser, portanto, uma representante bem acabada dos alegados 'bons costumes', uma verdadeira 'moça de família'.

Ao mesmo tempo, e revelando outro aspecto desse moralismo insistente, os jornais também veiculavam certo alívio diante das novidades trazidas pelas músicas de carnaval mais recentes, que se livravam do apelo sensual dissimulado e se voltavam para a nova capital que ia sendo erguida no Planalto Central. Buscando seguir os temas da moda, as marchinhas carnavalescas se inclinavam mais acentuadamente, naquele período, para zombar das questões relacionadas à construção de Brasília, que davam margem a fartas brincadeiras. No entanto, apelando ao bom humor para fazer a crônica do seu tempo, nem sempre conseguiam agradar:

> Começam a aparecer as primeiras músicas de carnaval e felizmente se nota que, de ano para ano, diminuem as letras de sentido dúbio, visando à pornografia disfarçada. (...) Agora a moda é Brasília. Tudo para satisfazer aos sonhos faraônicos do senhor Juscelino Kubitschek: um samba diz que todo mundo deve ir para a nova Capital, deixando a Guanabara, que aqui a vida é cara; outro aconselha a ir para Brasília, 'mesmo deixando a família', conselhos nada recomendáveis... (JB, 04 de fevereiro de 1959, p. 10)

Desconsiderando a má vontade já trivial em relação ao presidente JK, é interessante perceber que o discurso dessa matéria exalta o abandono progressivo das letras carnavalescas que brincavam com a sexualidade, típicas de uma celebração festiva que visava justamente à descontração e ao hedonismo. Nas rimas e nos refrãos dos sambas e marchas de carnaval, o carioca gracejava e zombava à vontade, explorando os duplos sentidos e as figuras de linguagem, para expressar sua ânsia de libertação. De modo contraditório, ao mesmo tempo em que se exaltavam as qualidades exuberantes da sensualidade carioca, no mito, faziam-se severas restrições aos apelos sensuais no carnaval. Quando a ida da capital para Brasília veio a substituir, pelo menos por um tempo, as canções zombeteiras e divertidas que mexiam com os padrões morais da época, os jornais se apressaram em aplaudir a iniciativa, certamente esperando que ela fosse duradoura. A cara sisuda do editorial, mais uma vez, espantou a gargalhada espontânea do folião carioca.

A outra face dessa postura que revelava incômodo moralista diante das ousadias do carnaval era o saudosismo, a exaltação dos carnavais passados como exemplos acabados de brincadeira saudável e pura poesia. Foi justamente o Jornal do Brasil que, nos idos de 1957, iniciou uma campanha pela volta do "carnaval antigo", incitando leitores e colaboradores a buscarem inspiração nos sambas e marchas do passado, que evocavam uma época de simplicidade e bonomia, quando a diversão não comportava nenhum tipo de excesso e nem exercia sobre os foliões nenhuma espécie de provocação ao desatino. A idealização dos tempos de outrora era um artifício imbatível!

Se nas ruas a folia estava sempre ameaçada pelos rigores da polícia e da lei, nos recintos fechados da chamada 'alta sociedade' o carnaval se tornava cada vez mais luxuoso e prestigiado. Nos anos 1950, houve grandes bailes carnavalescos no Rio de Janeiro que ganharam reconhecimento nacional e internacional e mereceram enorme destaque na imprensa. Entre os mais famosos, estavam os do Teatro Municipal, do Hotel Glória e do Hotel Copacabana Palace. Os seus pontos altos eram a decoração suntuosa, que todos os anos se realizava sob a inspiração de um tema previamente escolhido, e o concurso de fantasias, promovido nos quesitos luxo e originalidade. Para valorizar ao máximo os eventos, eram realizados certames para a escolha dos projetos de decoração dos bailes, com premiação em dinheiro para os ganhadores. Para se ter uma pequena ideia da relevância das festas, em 1956, a comissão julgadora dos trabalhos destinados a decorar o baile do Municipal era composta por ninguém menos que Cândido Portinari e Manuel Bandeira, um luxo total! (DN, 11 de janeiro de 1956, p. 2)

Apesar de todos os problemas, milhares de foliões cariocas resistiam com tenacidade a todos os contratempos que se interpunham aos seus desejos de pura diversão, lotando as ruas da cidade durante o carnaval, sobretudo nas imediações da Cinelândia, grande palco a céu aberto das principais manifestações populares da capital. Na imprensa local, dava-se muita atenção às celebridades internacionais que porventura viriam ao Rio de Janeiro para aproveitar os festejos de Momo. Será que aquela loira famosa vem mesmo? Será que o galã do momento está disponível? Havia certa ansiedade para receber nomes célebres, como se isso pudesse avaliar a maior festa da cidade aos olhos do mundo. Por isso, nos meses que antecediam o carnaval, a expectativa diante da chegada dos famosos era enorme. A frustração, no caso de ausência, também.

Do ponto de vista oficial, as autoridades alegavam seu total compromisso com a maior festa popular do país, mas não chegavam a empreender medidas de alcance amplo e duradouro em benefício da data. Não nessa época. A noção de que o carnaval poderia resultar em grandes negócios para o setor privado e para o setor público também não era de todo estranha, porém. No mundo inteiro, já começavam a despontar projetos e planos destinados a envolver os grandes eventos esportivos e culturais, transformando-os em fontes de investimento altamente lucrativas. No caso brasileiro, o carnaval era praticamente uma festa pronta.

Foi exatamente isso que afirmou o adido cultural da Embaixada do Japão, no Brasil, Sumio Ono, quando foi entrevistado pelo Diário Carioca acerca das relações culturais entre os dois países. Apesar de estar vivendo no país há apenas três anos, o senhor Ono demonstrou um bom conhecimento das festividades locais e, sobretudo, dos seus potenciais. Em sua opinião, as autoridades brasileiras ainda não haviam se dado conta de que o carnaval poderia ser, do ponto de vista turístico, simultaneamente, "fator de grande entrada de divisas e alicerce de uma maior aproximação cultural e artística com outros povos e países". Sua visão da festa é cheia de encantamento:

> O carnaval carioca é, sem dúvida, a maior atração turística que o Brasil pode oferecer aos turistas de todas as partes do mundo. É impressionante o entusiasmo que os foliões demonstram nos blocos, cordões e clubes, cantando músicas que refletem em grande parte os anseios e reivindicações do povo brasileiro. Chegando ao Brasil, o estrangeiro sente-se contagiado pelo ritmo quente do samba e passa os 4 dias de carnaval a procurar a razão de tanta alegria.
>
> (...) O Carnaval está no sangue do brasileiro. (...) Fiquei impressionado ao ver que não existe discriminação de qualquer espécie.
>
> Deixou-me profundas recordações o espetáculo imponente das escolas de samba, com todo o seu séquito de baianas e passistas artisticamente coordenados. (DC, 10 de janeiro de 1957, p. 11)

Nem sempre o olhar de dentro foi tão condescendente. Em meio a tantas contradições, que não eram pertinentes apenas ao carnaval, os cariocas seguiam adiante tentando se equilibrar nos fios de uma história que se desenrolava com muitos percalços e problemas. Era inevitável que as agruras de uma existência atribulada e inquietante desabassem sobre as almas mais sensíveis e reclamassem solução. A imprensa não se furtava ao debate e volta e meia iniciava discussões e propunha respostas. Nesse ensejo, o Diário Carioca começou uma enquete denominada "Que está faltando ao Carnaval?", na qual indagava a personalidades ilustres da vida brasileira a sua opinião acerca do tema, tendo como objetivo principal levantar hipóteses para melhorar a grande festa popular do Rio de Janeiro. Lucio Rangel, que na ocasião trabalhava como crítico de música popular da revista Manchete, mostrou a sua perspectiva:

> (...) Preocupado, com dívidas a pagar, vivendo a incerteza do que será para ele a Quarta-Feira de Cinzas, o folião perde a espontaneidade e a alegria tão necessárias ao carnaval.
>
> Ao carnaval nada falta. Estão faltando salários mais condignos e condições de vida mais apropriadas. Preenchidos esses requisitos, os foliões brincarão o carnaval tranquilamente, sem grandes preocupações. (DC, 12 de janeiro de 1957, p. 11)

Os órgãos de imprensa, em geral, demonstravam grande apreço ao carnaval e se ocupavam bastante com a promoção dos acontecimentos. Não apenas com as notícias corriqueiras da grande festa popular, como também com o patrocínio de bailes e eventos. Uma das tradições que marcaram os festejos carnavalescos na década de 1950, por exemplo, os banhos de mar à fantasia, sempre contaram com o apoio dos principais jornais da cidade. Cada qual fazia a sua festa numa determinada área da orla, de Copacabana ao Russell, passando também por Ramos e Ilha do Governador. Juntando duas das principais distrações do carioca, a praia e o samba, os banhos de mar à fantasia entraram para o calendário de festejos da cidade provocando enorme entusiasmo na população, que sempre atendia aos chamados para a folia em grande número.

Pelo sim, pelo não, o fato é que o carnaval do Rio de Janeiro adquiriu a sua própria imortalidade. Embora as autoridades municipais se esforçassem para incluir outros eventos e datas no calendário turístico da cidade, como festas juninas, Semana da Pátria, festivais de música, exposições de arte e congressos científicos (JB, 15 de setembro de 1957, p. 9; JB, 19 de julho de 1958, p. 7), a realidade é que o poder do carnaval acabou por inverter esse equilíbrio de forças e ganhou uma vitalidade irresistível. Os passistas e ritmistas das escolas de samba cariocas se transformaram nos símbolos máximos do carnaval brasileiro e passaram a ter presença obrigatória em praticamente todos os acontecimentos importantes, dentro e fora do Brasil. Hoje em dia, muitos deles vivem das apresentações que fazem pelo mundo, além do carnaval.

Nas celebrações havidas por ocasião da mudança da capital, algumas das mais famosas escolas de samba do Rio de Janeiro (Mangueira, Império Serrano, Unidos da Tijuca, Aprendizes de Lucas) brilharam na Avenida Rio Branco, num belo desfile de despedidas. Nas escadarias da Biblioteca Nacional, improvisadas como 'arquibancadas' privilegiadas, dezenas de turistas estrangeiros misturados aos habitantes da cidade se deliciaram com o belo espetáculo apresentado pelos sambistas cariocas (JB, 21 de abril de 1960, p. 7). É bem possível que, nessas manifestações sempre tão constantes, tenha nascido a expressão famosa que diz "no Brasil, tudo acaba em samba"!

Uma nota poética, no entanto, vem da voz terna de Vinicius de Moraes. Em entrevista dada às repórteres Vera Dolabela e Marina Mesquita, Vinicius admitiu sentir "um santo horror do carnaval". Entre tantas coisas que falou sobre si mesmo, sua poesia, a música e as parcerias que apreciava, declarou ser avesso a celebrações coletivas grandiosas. Ser carioca autêntico, portanto, como Vinicius demonstrou, não obriga ninguém a preencher os requisitos do mito tantas vezes apregoado pelos ilusionistas. É permitido ficar tristonho, gostar de sossego, deixar-se embalar pelo silêncio, curtir uma dor de cotovelo:

> O nosso carnaval é uma festa maravilhosa, mas não sou propriamente um fã. Vocês com certeza vão ficar pasmadas se eu lhes disser a verdade: tenho o mais santo horror! Toda festa coletiva me dá uma grande tristeza...
> (JB, 04 de fevereiro de 1958, p. 10)

De um jeito ou de outro, o carnaval carioca deu a sua parcela de contribuição à construção da mitologia que cercou a história do Rio de Janeiro, nessa fase e em tantas outras. Ao tomá-lo como tema, a imprensa local reproduziu as contradições entre o ousado, de um lado, que era a aspiração popular talvez mais autêntica, e o contido, de outro, que representava o anseio de uma elite que pretendia manter o controle. Por isso mesmo era tão comum a invocação da ordem, dos bons costumes, por isso também eram tão amargos os excessos da polícia. Levar ao extremo a carioquice significaria romper muitas amarras que aprisionavam o espírito de aventura e de invenção que se dizia pertencer ao Rio de Janeiro. O carnaval, assim, pela sua natureza lúdica e artística, oferecia sérios riscos de promover o 'desgoverno'.

Em geral, os periódicos aqui consultados expressaram essas contradições não somente ao retratá-las, mas também ao se posicionar em relação a elas. E não apenas a respeito do carnaval, mas igualmente no tocante a outras manifestações culturais populares, como veremos adiante. Embora estivessem modernizando as suas redações, tanto nos aspectos técnicos quanto nos profissionais, os jornais cariocas pareceram se preservar solidamente vinculados aos preceitos morais, políticos e ideológicos que fundaram a configuração conservadora da ordem estabelecida brasileira, da qual se faziam parte integrante e atuante. Em razão disso, tenderam a pregar valores baseados na moderação, na prudência, na cautela, que nada mais eram do que as 'vestes aceitáveis' de um pensamento tradicionalista e conservador.

— Tráfego e transportes

Bondes circulando sobre os Arcos da Lapa, 1955. FONTE: Arquivo Nacional. Fundo Agência Nacional.

SÍMBOLO MÁXIMO DO DESENVOLVIMENTO econômico conseguinte à Segunda Guerra Mundial, o automóvel também ganhou as ruas do Rio de Janeiro. Em especial, a partir da segunda metade da década de 1950, os veículos motorizados começaram a dominar a infraestrutura de transportes de todo o país, em grande parte favorecidos pela expansão da rede rodoviária em todo o território nacional.[8] Ambos se influenciaram mutuamente: de um lado, os automóveis exigiam vias expressas para a sua circulação mais ágil; de outro, as estradas e autopistas ampliavam o espaço físico destinado às 'quatro rodas'. No caso das cidades, esse impacto foi ainda mais surpreendente. Muito já se escreveu sobre a importância que os automotores tiveram na configuração da nova feição urbana do século XX — hoje, se conhecem bem as transformações que as grandes cidades sofreram com o advento da era do automóvel, e todos os seus problemas.

Os jornais noticiaram com bastante alarde as políticas destinadas à implantação da indústria automobilística brasileira, desde o começo de 1956, com destaque para as promessas do presidente JK de "correr contra o tempo" (afinal, seriam 50 anos em 5). Em coluna assinada por Pimentel Gomes, por exemplo, o Correio da Manhã anunciou, com toda confiança, que o Brasil teria, em curto período, automóveis de fabricação nacional. Passados mais de cinquenta anos, fica mesmo difícil imaginar o Brasil sem uma de suas indústrias mais emblemáticas:

> O Sr. Juscelino Kubitschek prometeu dar ao Brasil automóveis, caminhões, ônibus e jipes 100% brasileiros. Cumprirá a promessa. Teremos uma grande indústria automobilística completa até 1958. (...) Para isso, faz-se mister acreditar. Quem não acredita, não realiza. (CM, 08 de fevereiro de 1956, p. 2)

---

[8] Uma boa análise da implantação da indústria automobilística brasileira é feita por Ramiz Gattás: *A Indústria Automobilística e a 2ª Revolução Industrial no Brasil. Origens e perspectivas*. São Paulo: Prelo Ed., 1981.

Em abril daquele mesmo ano, os jornais cariocas também informaram, com grande interesse e destaque nas primeiras páginas, a chegada ao Rio de Janeiro do famoso jipe verde-amarelo. Tratava-se de um veículo dirigido por escoteiros, que viajara pelas estradas de dezenove países de todas as Américas, a fim de demonstrar a eficiência da indústria nacional de autopeças (amortecedores, anéis sincronizadores, buzinas, pistões, escapamentos, engrenagens, caixas de câmbio, lonas de freio, baterias, filtros de óleo, silenciosos, molas, vidros, radiadores, rádios, pneus etc.). Entre as muitas empresas fabricantes que patrocinaram a excursão dos escoteiros, destacaram-se Armotex S.A., Ferodo S.A., Henrique Schenk, Indústria Mecânica C. Esteves, Indústrias C. Fabrini S.A., Irmãos Reinholz Ltda., Lonaflex Ltda., Máquinas York S.A., Sociedade Mecânica Famor Ltda., além de muitas outras (CM, 05 e 06 de abril de 1956, p. 3).

Enquanto o jipe verde-amarelo percorria as estradas americanas exibindo as autopeças fabricadas no Brasil, a indústria de máquinas e equipamentos rodoviários também avançava em seu trajeto rumo ao desenvolvimento. Máquinas para abertura de estradas começavam a ser produzidas no país e representavam "um novo marco no caminho de nossa emancipação econômica" (CM, 10 de junho de 1956, Segundo Caderno, p. 10). Numa conjuntura em que a abertura de novas estradas e a pavimentação das já existentes era uma estratégia fundamental para o crescimento econômico e a integração territorial, a fabricação interna desse tipo de maquinaria, com a correspondente suspensão de sua importação, constituía um dos eixos mais importantes do processo de industrialização que estava em curso e de independência econômica do país.

Mais adiante, a imprensa abriu espaço para as declarações do diretor do DNER (Departamento Nacional de Estradas de Rodagem), anunciando a ampliação das obras rodoviárias no Brasil. Prevendo a realização de mais de dez mil quilômetros de construção e melhoramento nas rodovias brasileiras, além da pavimentação de estradas consideradas necessárias ao tráfego de veículos automotores, o dirigente assegurou que a disponibilidade de recursos para as obras havia sido garantida pelo governo federal (CM, 23 de agosto de 1956, p. 3). Dias depois, os jornais anunciaram o início da fabricação de caminhões no Brasil: em São Bernardo do Campo, com motor nacional e marca Mercedes-Benz (CM, 28 de setembro de 1956, p. 2). Em poucos meses, a GM e a Ford também apresentaram os seus projetos para a fabricação de caminhões no país. Dois anos mais tarde, anunciava-se a inauguração da primeira fábrica de motores a gasolina, "o próprio coração de uma indústria automobilística":

> Em cerimônia que contará com a presença do presidente da República, do ministro Teixeira Lott, do governador Jânio Quadros e de outras altas autoridades, será inaugurada hoje em São Paulo a Fábrica de Motores a Gasolina, a primeira do país, construída por iniciativa da Wyllis Overland do Brasil S.A. (JC, 07 de março de 1958, p. 3)

Esse processo de desenvolvimento econômico acelerado atraiu grandes volumes de investimento estrangeiro. No primeiro trimestre de 1956, como alardeavam as notícias veiculadas pela imprensa, haviam ingressado no país 12,8 milhões de dólares, contra 9,5 milhões e 3,7 milhões, respectivamente, nos dois anos anteriores (CM, 21 de agosto de 1956, p. 4). Além das chamadas indústrias pesadas, esses investidores buscavam obter lucros também nas indústrias de bens de consumo (duráveis), entre as quais se destacava sobejamente o automóvel. Por ordem de grandeza, os principais países a enviar capitais para o Brasil eram: Estados Unidos, Alemanha, Inglaterra e Itália. Em matéria intitulada "Confiam os Estados Unidos no programa econômico do presidente Kubitschek", o Correio da Manhã destacou uma seção especial de 26 páginas, editada pelo jornal norte-americano *New York Herald Tribune* e inteiramente consagrada ao sucesso econômico brasileiro (CM, 19 de setembro de 1956, p. 2). Em matéria de outro periódico local, evidenciou-se o poderoso chamariz lucrativo das atividades econômicas crescentes no país: "Desperta interesse no mundo o desenvolvimento do Brasil. Vários investimentos estrangeiros prometidos para o país" (DN, 09 de maio de 1956, p. 1).

Durante os anos da construção de Brasília, embora os veículos automotores começassem a ganhar terreno na metrópole carioca, de modo paulatino, a princípio, mas, depois, de forma avassaladora, eles ainda dividiam o espaço com os bondes. Considerados ultrapassados por estudiosos do tema, os bondes cariocas eram administrados por duas empresas principais (quase centenárias): a Companhia de Carris, Luz e Força do Rio de Janeiro Ltda. (Light) e a Companhia Ferro-Carril do Jardim Botânico. Sob forte ataque dos grupos que pretendiam 'modernizar' o problemático sistema de transportes da capital, as empresas concessionárias do serviço de bonde começaram uma campanha de intensa propaganda nos jornais da cidade, cujo título não poderia ser mais simbólico: "O BONDE NÃO DEVE PARAR".

É curioso observar que os bondes costumavam estar no centro de episódios frequentes de confusão na cidade: sempre que ocorriam aumentos nas tarifas, dava-se lugar a distúrbios prolongados e às vezes graves, sob a liderança dos estudantes secundaristas e universitários, que se envolviam em conflitos com a polícia, nas ruas do centro da cidade e nas proximidades do Palácio do Catete, sede do governo federal, situado no bairro do mesmo nome. Era praticamente inevitável: bastava que fosse anunciado o aumento das passagens de bonde para que o quebra-quebra logo se iniciasse, arrastando centenas de pessoas pelas ruas e avenidas, provocando prisões e ferimentos nos manifestantes mais audaciosos. Os jornais davam cobertura a esses eventos, com grande alarde, normalmente trazendo matérias de primeira página fartamente ilustradas com fotografias e entrevistas.

Logo no começo de 1956, a imprensa começou a registrar prováveis manobras da concessionária Light, no sentido de forçar a autorização do aumento das tarifas cobradas pelos seus serviços de bonde. Primeiro, a empresa era acusada de lançar mão do recurso ilícito de retirar alguns veículos de circulação, para tornar ainda mais caótico o transporte de passageiros na cidade. Com abundante reprodução de fotografias que mostravam diversos usuários 'pendurados' nos estribos dos bondes, correndo risco de sofrer acidente e mesmo de morrer, os jornais acusavam a empresa de aumentar a sua arrecadação com esse expediente e mesmo assim continuar reclamando de prejuízos:

> A Light continua suprimindo várias linhas de seus coletivos, contribuindo assim para o agravamento dos transportes urbanos, ao mesmo tempo em que pleiteia junto à Prefeitura novo aumento nos preços de suas passagens. (DN, 1º de fevereiro de 1956, Segunda Seção, p. 1)

A campanha veiculada nos principais jornais da capital parecia ser uma resposta rápida das concessionárias à pressão que vinham sofrendo, em nome do progresso da cidade e da economia popular. Sendo um meio de transporte já tradicional no Rio de Janeiro, com ampla cobertura dos bairros e do centro da cidade, os bondes eram muito utilizados por estudantes e trabalhadores. Por isso mesmo, os aumentos das passagens cobradas tinham forte impacto no orçamento restrito desses grupos de cariocas, que lutavam com o bolso sempre apertado para fazer frente a todos os gastos necessários para viver na metrópole. A propaganda amplamente difundida nos órgãos de imprensa, assim, visava defender os serviços prestados pelos bondes contra a fúria dos seus detratores, que ameaçavam tirá-los de circulação o mais breve possível:

> O BONDE NÃO DEVE PARAR. Todo serviço de utilidade pública precisa ser financeiramente auto-suficiente. O serviço de bondes do Distrito Federal é altamente deficitário

e não recebe nenhuma subvenção para manter-se. Seus déficits vultosos e crescentes poderão levá-lo ao colapso total; assim, para continuar prestando os mesmos serviços tão necessários ainda à população carioca, os bondes precisam de tarifas que, pelo menos, cubram as despesas de sua operação; entretanto, sem tarifas que proporcionem a justa remuneração do investimento, não haverá possibilidade de levantar recursos financeiros, sob qualquer forma, para sua expansão ou melhoramento. O CARIOCA AINDA PRECISA DO BONDE! (DN, 08 de janeiro de 1956, p. 4)

Essa queda de braço entre prefeitura, empresas concessionárias de serviços de transporte, população indignada e demais autoridades (judiciárias e legislativas) é antiga no Rio de Janeiro. Nunca se soube ao certo os gastos reais das empresas de transporte e os lucros auferidos por elas. Uma névoa fina e persistente tende a cobrir os dados e números do setor, e as investigações habitualmente fracassam quando tentam descobri-los. Na segunda metade dos anos 1950, quando a cidade vivia um dos seus processos de transição mais importantes — deixaria de ser a capital do Brasil e ganhava, ao mesmo tempo, ares de metrópole do automóvel — a questão dos transportes urbanos alcançava dimensões de fato dramáticas. Em meio a tantas mudanças, seus habitantes procuravam mover-se de um lado a outro, enfrentando as maiores dificuldades.

Nessa época, ônibus e lotações[9] já faziam parte da paisagem urbana carioca. Juntaram-se aos bondes para disputar um número crescente de passageiros que se aglomeravam nos pontos e estações,

---

[9] Entre os muitos filmes que se passam no Rio de Janeiro dessa época, destaca-se uma comédia deliciosa intitulada "Pé na Tábua" (1958), protagonizada por Grande Otelo e Ankito, que fazem papel de motorista e cobrador de lotação. Além de todos os seus atributos artísticos, a fita tem o mérito adicional de mostrar diversos ângulos da cidade, em especial o seu atribulado trânsito de coletivos.

à espera de condução para o trabalho (ou para o lazer). O agigantamento da metrópole, sobretudo em direção aos subúrbios, tornava as necessidades de transporte regular entre os bairros e regiões uma necessidade cada vez mais premente. Embora ainda fossem amplamente utilizados pelos cariocas, os bondes já não davam conta do volume de passageiros e de tráfego que o Rio de Janeiro apresentava. Além de ônibus e lotações, existiam ainda os trens, em dois ramais mais importantes: o da Central do Brasil e o da Leopoldina. Para completar, aos meios de transporte coletivos veio juntar-se o 'carro de passeio', o automóvel particular.

Todo esse movimento transformador da capital ocorreu de modo segmentado, é claro, respeitando sua forma já convencional de crescer: alta concentração de benefícios e melhorias na Zona Sul e no Centro da cidade, precariedade e desconforto em muitos outros bairros e regiões da metrópole.[10] O serviço de transportes coletivos pareceu se adequar a esse modelo de evolução urbana com perfeição: alguns bairros e zonas da cidade se tornaram relativamente bem servidos de condução (ao menos, em termos quantitativos), enquanto outros ficaram à mercê de inúmeras eventualidades, deixando os seus habitantes sob risco permanente de atrasos e superlotações. As ruas e avenidas da metrópole, por sua vez, se tornaram pequenas e estreitas diante do aumento tão substancial do volume de tráfego que passaram a suportar.

Copacabana, que sintetizava o Rio moderno (ou, ao menos, o Rio que se queria moderno), foi um dos bairros que mais sofreram as consequências dessas mudanças. Ali se concentrava um número elevado de automóveis e coletivos, pressionando as vias de circulação e levantando inúmeros problemas de urbanização: a abertura de novos túneis no bairro (Barata Ribeiro–Raul Pompeia, Tonelero–Pompeu Loureiro) foi decisiva para corrigir, em parte,

---

[10] Sobre a complexidade desse processo, o trabalho de Maurício de Almeida Abreu (1997) continua sendo uma referência obrigatória.

essa pressão, assim como a duplicação da Avenida Atlântica, realizada tempos depois. Essas dificuldades ecoavam na imprensa local com relativa assiduidade:

> O tráfego de veículos em Copacabana precisa, sem dúvida, sofrer sérias modificações. Quem reside naquele bairro, cujo progresso aumenta dia a dia, percebe perfeitamente tornar-se urgente uma providência que discipline o percurso de coletivos por suas ruas e avenidas. (DC, 1º de janeiro de 1956, p. 4)

Embora as dificuldades do tráfego do Rio de Janeiro decorressem, em parte, da súbita ampliação da quantidade de ônibus, lotações e automóveis em circulação na cidade, havia ainda outra questão que preocupava sobremaneira as autoridades: a educação no trânsito. Segundo relatos abundantes na imprensa, não só aconteciam muitos desastres na capital, como os motoristas apresentavam deficiências sérias na condução dos veículos. Campanhas de esclarecimento começaram a ser preparadas pelo poder público (no caso do Distrito Federal, o órgão encarregado era a Diretoria de Trânsito), visando ao enfrentamento de mais esse problema. Além disso, as promessas de aumentar a fiscalização e de coibir os abusos continuavam sendo reafirmadas pelos responsáveis, enquanto muitos cariocas pareciam completamente insensíveis à situação:

> A circulação no Rio se desenvolve de modo caótico. Não há disciplina por parte dos motoristas e também dos pedestres. Ninguém respeita os sinais luminosos e as faixas. Os veículos trafegam na contramão com a maior desenvoltura. Não permanecem nas filas. Há os 'sabidos' que procuram sempre passar à frente dos outros, indiferentes aos direitos alheios e à segurança geral. As camionetas e os ônibus sentem-se donos das ruas. Todos lhes devem ceder a vez, sob pena de serem esmagados

pela força bruta. (...) O Código de Trânsito é desconhecido ou ostensivamente desrespeitado. (DC, 31 de julho de 1956, p. 4)[11]

Os representantes do poder público pareciam estar sempre atrasados em relação à urgência dos problemas que deveriam solucionar. Nenhuma antevisão, nenhum tipo de planejamento se tornava viável diante do acúmulo de deficiências e carências que era preciso enfrentar. Era como se a cidade fosse um telhado cheio de goteiras: ao tapar um buraco, logo surgiam outros prontos a derramar sobre a população todos os dissabores. E havia também a malandragem institucionalizada. A corrupção dos funcionários encarregados de fiscalizar e coibir os abusos não era propriamente uma novidade, infelizmente. Com frequência, os jornais estampavam notícias de casos e mais casos de envolvimento dos servidores públicos nas mais variadas falcatruas, sempre relacionadas à cobrança de propinas e ao mau uso das funções.

No caso dos transportes coletivos, por exemplo, a lista era enorme. Autoridades comprometidas com irregularidades, fraudes e subornos no licenciamento de concessões e na fiscalização dos serviços eram matérias corriqueiras nos jornais da capital. Algumas vezes, as denúncias subiam de tom e alarmavam o público leitor:

> Tenho informações seguras e comprovadas de que as próprias autoridades encarregadas de fiscalização do serviço de transportes coletivos em ônibus e microônibus se encontram comprometidas com irregularidades gravíssimas que merecem um rigoroso inquérito para serem

---

[11] Quanta atualidade! Como as coisas parecem se eternizar! Há quase nenhuma diferença entre o que se passava então, nos idos de 1956, e o que se passa agora. Com um agravante: o nível de violência aumentou assustadoramente. Hoje, é comum que uma briga de trânsito termine em tragédia. Mas o prenúncio já estava ali colocado.

devidamente apuradas — declarou da tribuna [da Câmara de Vereadores] o Sr. Couto de Souza. (DC, 03 de agosto de 1956, p. 4)

Embora muitas vezes graves e comprometedoras, as denúncias não chegavam a fazer maiores estragos, e o assunto sumia das páginas dos jornais, pelo menos por algum tempo. Interpelados pelos usuários, os principais responsáveis pela situação reclamavam da falta de condições adequadas ao exercício das suas atribuições: ao ser indagado sobre a "vista grossa das autoridades quanto à superlotação dos ônibus", o Diretor de Concessões da Prefeitura alegou que contava com apenas setenta fiscais para cobrir todo o Distrito Federal, o que dificultava demais o trabalho do departamento (DN, 15 de janeiro de 1957, Segunda Seção, p. 1).

Ônibus, bondes e lotações superlotados, trens quase sempre atrasados e incômodos, motoristas e cobradores impacientes, mudanças inesperadas de trajeto (havia reclamações, por exemplo, de conduções que não chegavam até o ponto final da linha, porque o motorista simplesmente retornava antes de chegar lá), recusa de passageiros em diversos pontos e estações (veículos lotados ou motoristas apenas de má vontade) eram o retrato dos meios de transporte do Rio de Janeiro, na década de 1950. Além desses infortúnios, havia ainda os incontáveis acidentes, mais ou menos graves, que aconteciam praticamente todos os dias e criavam, na população, um clima generalizado de insatisfação e insegurança. Volta e meia, eram registrados episódios violentos de quebra--quebra na cidade, motivados fundamentalmente pela revolta dos castigados usuários.

Entrava ano, saía ano, as reclamações se repetiam e se renovavam sempre no mesmo tom. A população enfrentava com heroísmo seus desafios para ir e voltar do trabalho, procurar algum divertimento nos locais públicos ou privados, cumprir suas obrigações e torcer pelos seus times de futebol. Não era nada fácil para quem dependia dos transportes coletivos. Além de todas as deficiências já apontadas, havia também o alto preço das passagens cobradas. Ou seja, pagava-se caro por um péssimo serviço. As autoridades, por sua vez, continuavam fazendo promessas e garantiam aos usuários que as soluções estavam próximas, como no anúncio de uma *blitz* programada para coibir o excesso de passageiros nos ônibus da cidade, um problema sempre recorrente:

> O Prefeito Sá Freire Alvim recomendou que não quer que os ônibus continuem circulando com excesso de passageiros em pé. Por isso, a Prefeitura exercerá severa vigilância naqueles coletivos, devendo, na próxima semana estabelecer os planos para a *blitz* que será realizada nas várias linhas das zonas norte, sul e rural. Revelou o Sr. Thompson Nogueira [diretor do Departamento de Concessões] que o Prefeito pretende assim **evitar a ação dos batedores de carteiras nos ônibus superlotados e o abuso de indivíduos desclassificados, contra moças e senhoras que viajam em pé nos coletivos**. (JB, 31 de agosto e 1º de setembro de 1958, Segundo Caderno, p. 5, grifo nosso)[12]

Nem sempre as medidas agradavam aos usuários e profissionais. A bem da verdade, na maior parte das vezes, tendiam mesmo a desagradar profundamente, causando-lhes um misto de desconfiança e descrédito. Sob pressão da população, da imprensa que alardeava os problemas e das demais autoridades, os responsáveis pelo tráfego e pelos transportes na capital federal propunham determinadas iniciativas, para debelar os contratempos e imprevistos

---

[12] Numa clara demonstração da duração e da resistência desses problemas, recentemente, o Metrô do Rio de Janeiro instituiu um carro exclusivamente para mulheres, a ser utilizado nos horários de maior movimento, tendo em vista o incômodo causado pela ação de passageiros assim mais "inconvenientes".

relacionados à circulação de veículos, que davam margem a muita confusão. Foi o que aconteceu, por exemplo, com a decisão de criar uma polícia especial de trânsito, que andaria disfarçada a fim de surpreender os "maus motoristas" e multá-los. Os protestos foram imediatos e a proposta acabou sendo confrontada na justiça, como tantas outras de teor semelhante:

> Choferes na Justiça contra a nova polícia do trânsito — O Judiciário vai ser provocado a pronunciar-se sobre a legalidade do ato do Diretor do Serviço de Trânsito, criando a "polícia secreta" do tráfego, com direito a multar, que, a nosso ver, contraria todas as leis e regulamentos que regem a questão — declarou, em nossa redação, uma comissão de motoristas profissionais. (DC, 1º de janeiro de 1957, 1ª página)

Algumas empresas privadas também entraram na luta para melhorar as condições do tráfego de veículos no Rio de Janeiro. Era de seu interesse que mais carros circulassem na metrópole, pois esse era o seu negócio. Foi o caso da Firestone, grande fabricante de pneus, que promoveu ampla campanha de segurança no trânsito visando à eliminação dos principais riscos que cercavam os motoristas: correrias absurdas, descuido de pedestres, trombadas e atropelamentos em praticamente todas as esquinas da cidade. Para atingir seu público-alvo, a empresa promoveu a distribuição de cartazes, faixas e decalques, publicou anúncios e artigos educativos em todos os jornais e revistas de grande circulação na capital. Além disso, divulgou inúmeras caricaturas sugestivas, buscando alertar os usuários quanto aos maiores perigos (DN, 03 de abril de 1957, p. 6).

Os trens, por sua vez, eram administrados por empresas públicas e ofereciam também um retrato bastante desolador. Alguns dos desastres mais terríveis acontecidos nessa época foram causados pelo choque e pelo descarrilamento de trens. O número de mortos e feridos costumava ser enorme e despertava na população sentimentos muito amargos. Destinado a ligar o Rio de Janeiro a outras cidades e regiões do Brasil, o sistema ferroviário local foi responsável, na origem, pela ampliação do território urbano da cidade, incorporando vastas áreas ao seu núcleo primário. A grande expansão dos subúrbios cariocas está intimamente vinculada à criação da rede ferroviária, sendo as estações de trem os marcos divisores desses novos bairros. No entanto, é preciso lembrar que nem todos os subúrbios foram criados à margem das estradas de ferro e nem todos os bairros suburbanos eram servidos por elas.

Os trens do Rio de Janeiro estavam gastos, na década de 1950. Com o imenso crescimento da cidade, o aumento do número de seus usuários foi extraordinário. As condições de manutenção e de reposição das peças deixavam muito a desejar. Conforme noticiaram os jornais, em depoimento prestado à Comissão Parlamentar de Inquérito (CPI) constituída para investigar o estado das operações de tráfego na Central do Brasil, seu diretor, o engenheiro Jorge de Abreu Schilling, afirmou que as dificuldades então enfrentadas eram "naturais", em razão do vulto da obra e do desgaste que o material sofrera nos últimos anos, graças ao aumento vertiginoso do tráfego suburbano (DN, 17 de julho de 1959, Segunda Seção, p. 2). Assim, a ampliação da rede ferroviária era imperativa, tendo em vista o crescimento esperado da população da metrópole e a intensidade exacerbada de utilização dos trens.

Algumas vezes, o tráfego ferroviário virava notícia de primeira página, de forma lamentável — "Pavoroso choque de trens em Paciência leva a dor e o luto a centenas de lares. Retirados das ferragens cerca de 40 cadáveres. Engavetaram-se quinze vagões" (DN, 08 de março de 1958, 1ª página). "Quase 150 mortos. Engavetaram-se os trens na estação da Mangueira. Mobilizados todos os médicos e ambulâncias dos hospitais. Operações feitas no próprio local" (DN, 09 de maio de 1958, 1ª página). Nos dois casos aqui citados, a proximidade dos eventos é impressionante. Mal se recuperavam do terror do primeiro, e os passageiros já tiveram de enfrentar o assombroso abalo do segundo. Não é de espantar, portanto, que, periodicamente, os fatigados usuários dos trens do Rio de Janeiro se envolvessem em distúrbios e pancadarias que lhes causavam enormes danos físicos e materiais: "Povo exaltado incendiou e quebrou trens e ônibus em Bento Ribeiro e Deodoro" (DN, 10 de maio de 1959, Segunda Seção, p. 1).

> Novo quebra-quebra na Central. Polícia política mobilizada para reprimir agitação. Depredações verificadas na manhã de ontem contra composições da Central do Brasil, desde Encantado até Engenho Novo, paralisando todo o tráfego de trens daquela ferrovia durante cerca de três horas, causando pânico e ferindo treze pessoas. (DN, 17 de julho de 1959, Segunda Seção, p. 1)[13]

Mesmo nas condições regulares de tráfego, sem acidentes de maior gravidade, o sofrimento dos passageiros não era amenizado. Em determinados horários, eram necessárias verdadeiras acrobacias para conseguir uma vaga no trem. Fazer a viagem no tempo regulamentar, com todas as paradas nas estações atendidas e os horários cumpridos, era uma autêntica peripécia. Greves e paralisações do pessoal ferroviário também costumavam perturbar o funcionamento daquele sistema de transporte que se tornara fundamental para milhões de habitantes do Distrito Federal. Os jornais noticiavam quase todos os dias, invariavelmente, problemas havidos na circulação dos trens da capital, muitas vezes com significativa carga de dramaticidade:

---

[13] A convocação da polícia política para "reprimir agitações" é um dado curioso que merece ser destacado. A simples existência de uma polícia política em pleno regime democrático de direito merece alguma reflexão. Em que medida, por exemplo, estava de fato implantado, em sua plenitude, o Estado de direito, no país, com todas as garantias ao cidadão? Qual a relação provável entre a persistência da polícia política e o quadro mais amplo da Guerra Fria que prevalecia no mundo? Por que as manifestações populares por melhores condições de vida eram consideradas "agitações" e reprimidas com violência?

> O deputado Último de Carvalho manifestou a sua perplexidade diante do que viu na Central do Brasil. Disse que ficou estarrecido ao assistir os passageiros embarcando na estação Pedro II. Espetáculo semelhante só contemplara em Minas Gerais, quando os porcos eram jogados dentro dos vagões ferroviários. (...) A cena é de incrível brutalidade. Alguns [passageiros] são levados nos ombros da multidão. Outros gritam asfixiados pela massa humana que se desloca velozmente. E se cair alguém sob a avalanche, naquela corrida desenfreada, então rezem pela sua alma. É mais um que deixa de sofrer o horror dos transportes suburbanos na metrópole. (DC, 03 de janeiro de 1956, p. 4)

Além do ramal da Central do Brasil, o Rio de Janeiro contava ainda, como já foi observado, com a estrada de ferro Leopoldina, considerada elemento fundamental para o abastecimento da capital, pois ligava a metrópole à Zona da Mata de Minas Gerais, ao norte do Estado do Rio e ao sul do Espírito Santo. Apesar dos seus carros desmantelados, sem conforto, e da inconstância permanente de seus horários, os trens da Leopoldina eram ainda essenciais para o transporte de passageiros em direção aos subúrbios, nos anos 1950. E protagonizavam também incidentes de grandes proporções. Certo dia, por exemplo, começando na estação de Caxias, um quebra-quebra de longa duração agitou quase toda a zona leopoldinense, se alastrando pelas estações de Triagem, Manguinhos, Bonsucesso, Olaria e Cordovil, provocando graves choques entre populares e policiais (DC, 12 de maio de 1956, p. 1).

A confusão foi tão chocante e prolongada que causou a mobilização do próprio presidente da República. A instabilidade gerada pelos conflitos provocados pelos maus serviços de transporte do Distrito Federal acabava afetando o ambiente da alta política do Catete. De improviso, o presidente JK foi à gare da Leopoldina a fim de acalmar a população indignada. Em seu discurso, do alto de uma plataforma, o presidente declarou aos trabalhadores, em tom dramático e enfático, que estava comprometido com aquela causa urgente e havia autorizado, momentos antes, a compra de novos equipamentos ferroviários (20 locomotivas e 100 vagões) para a imediata melhoria dos serviços da ferrovia, "querendo demonstrar ao povo que o governo não ficaria preso lá dentro do Catete, sem vir atender pessoalmente aos reclamos da população" (DC, 13 de maio de 1956, p. 1). Naquele momento, pelo menos, o presidente conseguiu tranquilizar os passageiros indignados, desfazendo a agitação que atormentara a capital por tantas horas.

Durante os anos da construção de Brasília, as condições gerais do transporte público no Rio de Janeiro não melhoraram de maneira significativa. Os ônibus elétricos, que começaram a circular no começo dos anos 1960, não tiveram existência duradoura na cidade. Muito se discutia sobre prováveis inovações: a ideia de um túnel ligando o Rio a Niterói, por exemplo, foi bastante debatida nessa época, mas acabou sendo abandonada. A ponte sobre a Baía de Guanabara, que ligaria as duas cidades mais importantes da região metropolitana, só seria concluída quase vinte anos depois (em 1974). No caso das vagas para estacionamento de veículos, outra dor de cabeça que já começava a se avolumar, a Prefeitura também elaborou matérias para discussão, prevendo uma lei que determinaria a obrigatoriedade da construção de garagens nos novos edifícios a serem levantados na capital. Até mesmo a Avenida Brasil, obra que marcara profundamente a urbanização do Rio de Janeiro na década de 1940, já era considerada insuficiente para o volume de tráfego que se adensava na região.

Enquanto a cidade ia sendo cortada, de um extremo a outro, para dar lugar a novas ruas e avenidas, o automóvel se consolidava como principal objeto das políticas públicas no setor de transportes. As autoridades locais buscavam inspiração nas experiências bem-sucedidas de outras metrópoles. E a imprensa destacava as soluções implantadas com êxito. Assim sendo, foi dado grande destaque à visita do presidente do Conselho Municipal de

Paris, senhor Pierre Ruais. Ao ser entrevistado, ele afirmou que os problemas do Rio de Janeiro eram idênticos aos da capital francesa: transporte e moradia eram os temas que mais preocupavam as autoridades parisienses. Todavia, edifícios de mais de 10 andares só seriam construídos na periferia de Paris, para não contrariar a sua estética urbanística (implantada no século XIX), ao mesmo tempo em que o metrô se tornava o eixo do seu sistema de transporte, facilitando enormemente o fluxo de passageiros por toda a região metropolitana.

O modelo de urbanização parisiense, por mais que encantasse a elite local, esteve bem longe de ser adotado em terras cariocas. As características e condições próprias das duas cidades tornavam a importação daquele padrão completamente inadequada. Se fosse possível extrair um aspecto principal para analisar, talvez valesse a pena ressaltar que, entre Rio e Paris, algo extraordinário as distinguia: a primeira tem na natureza exuberante o seu principal atrativo, enquanto a segunda exibe toda a grandeza e monumentalidade de uma urbe totalmente feita pela mão do homem. Apesar dessa diferença elementar, para não fugir à regra, a imprensa deu enorme destaque às declarações amáveis do Sr. Ruais sobre a metrópole carioca, reforçando o mito já tão propalado da 'cidade maravilhosa':

> O Rio de Janeiro é uma cidade incomparável e fui conquistado, por minha vez, como todos os demais, quando através do vidro do avião percebi a curva harmoniosa da célebre baía, o Pão de Açúcar e o Corcovado. (DN, 12 de fevereiro de 1957, Segunda Seção, p. 1)

Apesar do exagero cordial de tornar "idênticos" os problemas de urbanização do Rio de Janeiro e de Paris, o convidado não se furtou aos elogios à bela visão do Distrito Federal (pouco tempo depois imortalizada nos versos de Tom Jobim para o "Samba do

Avião"). O impacto das belezas naturais da cidade parece ter funcionado como um escudo para afastar os problemas, ou pelo menos para minimizá-los quando assumiam formas mais agudas. Ainda hoje, não é raro ouvir comentários desse tipo, e tudo parece pequeno diante do majestoso fascínio das curvas da paisagem. Enquanto os olhos se enchem de encantos, porém, a cidade permanece à espera de solução para inúmeras dificuldades que cercam o seu crescimento desordenado. O dia a dia da metrópole é pontuado de dramas e tribulações que não se corrigem com suspiros de admiração.

O desenvolvimento brasileiro, por outro lado, também marcado por disparidades e desequilíbrios regionais algumas vezes profundos, repercutiria sobre o destino das grandes cidades do centro-sul. Mobilizados pelas oportunidades de trabalho e de bem-estar presentes no Sudeste do país, as quais muitas vezes eram meramente fantasiosas, milhares de brasileiros migraram para essa região em busca de melhores condições de existência. A abertura de estradas de rodagem ligando os vários estados da federação contribuiria de modo significativo para a regularidade desse fluxo migratório. Cada vez mais pessoas se transferiam das suas áreas de origem para os grandes centros urbanos de Rio e São Paulo. Se, por um lado, as condições socioeconômicas das zonas rurais mais pobres do Brasil, sobretudo no Nordeste, não se aprimoravam para acolher seus habitantes, e forçavam as constantes migrações,[14] por outro, a situação das maiores metrópoles também não era aperfeiçoada de forma compatível, para oferecer aos novos migrantes os meios adequados à sua subsistência. A imprensa do Rio de Janeiro fazia o registro da tragédia anunciada, em algumas das suas dimensões:

---

[14] O ano de 1958 foi tragicamente marcado por mais um episódio gravíssimo de seca no Nordeste brasileiro. A imprensa carioca repercutiu com assombro o estado de calamidade que vitimou diversos municípios da região, durante meses de sofrimento prolongado.

Agravou-se o problema das migrações internas. 2 mil caminhões trazem nordestinos para o sul. — São Paulo e Rio continuam sendo os grandes pontos de atração para os migrantes nacionais. Bahia, Minas Gerais, Pernambuco, Paraíba, Ceará e Alagoas são, por outro lado, os maiores fornecedores de mão-de-obra para o estado bandeirante e a Capital da República. A estrada Rio-Bahia é a via *crucis* dos movimentos de migração, que viajam em "paus de araras", numa estrada em péssimo estado de conservação. (DN, 02 de fevereiro de 1956, Segunda Seção, p. 1)

As rodovias precárias não serviram de obstáculos à migração maciça em direção ao centro-sul do Brasil. Com o aperfeiçoamento dos transportes rodoviários e com o desenvolvimento correlato da indústria automobilística, a ligação entre pontos distantes do território se tornou cada vez mais acessível a um número crescente de pessoas que fugiam da miséria para a promessa de uma vida melhor. Criava-se, assim, uma espécie de 'mercado' para o êxodo rural, fomentando a transferência da população em escala nacional. Nos anos da construção de Brasília, portanto, o adensamento populacional do Sudeste brasileiro intensificou a ocupação urbana das grandes metrópoles da região, ampliando a oferta de força de trabalho e aumentando ainda mais a necessidade de investimentos em sua infraestrutura de habitação e saneamento, além de educação e saúde. A defasagem entre as crescentes demandas da população por moradia, emprego, escolas e hospitais e as ofertas deficientes de bens e serviços urbanos e sociais ampliaram cada vez mais a distância que se interpôs entre milhões de brasileiros e o progresso do país:

> (...) o Rio, assim como o restante das áreas metropolitanas brasileiras, reflete, no espaço, os sistemas de divisão do poder político e das conseqüentes formas de distribuição de renda do país, ambos altamente concentradores, tanto

a nível regional, como a níveis intrametropolitanos e intra-urbano. Refletem, outrossim, a preocupação cada vez maior do Estado de garantir a reprodução do capital, em detrimento da força de trabalho. (Abreu, 1997, p. 147)

— Habitação
e favelas

Favela da Praia do Pinto, Leblon, 1961.
FONTE: Biblioteca Nacional Digital.

> Como a elevação do poder aquisitivo das populações urbanas só se logrará a longo prazo, faz-se necessário reduzir o preço da habitação ou pela redução dos custos de construção, também obra do tempo, ou, o que é viável, pela interferência governamental, a que compete, seja através de subsídios, subvenções ou cessão de terrenos, seja mediante isenções fiscais, facilidades e garantias de empréstimo, prover habitação modesta, mas decente, às populações trabalhadoras. (Desenvolvimento & Conjuntura, ano III, julho de 1959, p. 107)

NUM RELATÓRIO CONTUNDENTE publicado em 2003, o Programa de Assentamentos Humanos da Organização das Nações Unidas (ONU-Habitat) anunciava que cerca de um sexto da população mundial, isto é, um bilhão de pessoas, residia em favelas. Em seus mais sombrios prognósticos, o mesmo documento levantava a hipótese de que, a se continuar no mesmo estado de inércia e indiferença diante do problema, por volta do ano de 2050, o índice mundial de moradores de favelas alcançaria, aproximadamente, 38% do total de habitantes do planeta. Um número assustador, sem dúvida.

Entre as regiões mais duramente afetadas pelo problema da favelização crescente, o relatório da ONU apontava os países do Terceiro Mundo. Embora essa conceituação seja hoje considerada ultrapassada por muitos especialistas, dadas as suas implicações ideológicas, o fato é que ela corresponde a uma configuração geográfica e política que engloba primordialmente os países da América Latina, da África e da Ásia que possuem os menores índices de desenvolvimento econômico, os quais concentram ainda a maior densidade populacional da Terra. Essa combinação insatisfatória entre urbanização e pobreza constitui uma das principais fontes do mal-estar geral das grandes metrópoles do mundo atual.

Numa perspectiva histórica, torna-se evidente que o processo formador das atuais contradições da urbanização capitalista é bastante antigo e dinâmico. No caso do Rio de Janeiro, por exemplo, uma das maiores metrópoles brasileiras (e a mais longeva de todas), essa combinação nociva de crescimento urbano com favelização já podia ser observada na década de 1950. Não é que antes disso não se pudesse perceber o nascimento e a expansão desse tipo específico de aglomeração, sobretudo nos morros e encostas da cidade. O fato, porém, é que ao longo dos anos 1950 iniciou-se o reconhecimento formal de que a favelização incontrolável da capital tinha se tornado uma questão social e política fundamental e exigia solução.

Na base dessa tomada de consciência, estava uma expansão mais do que acelerada da 'construção' de casebres e barracos por todos os cantos da cidade. E, ao mesmo tempo, a aceitação de que cabia a determinados grupos de profissionais especializados (arquitetos, urbanistas, engenheiros) oferecer as soluções mais adequadas ao problema. A imprensa local promovia a mais ampla divulgação dos feitos e dramas da favelização crescente do Rio de Janeiro. Os formuladores de políticas públicas respondiam com propostas e sugestões que incluíam, é claro, uma elevação significativa dos gastos governamentais em infraestrutura urbana de todos os tipos.

Forças socioeconômicas contraditórias e combinadas respondiam por uma parte relevante do problema do adensamento populacional dos grandes centros urbanos brasileiros, ao longo da década de 1950. Por um lado, havia a propalada oferta de melhores empregos e condições de vida para uma população pobre que migrava do campo para as cidades em busca de alternativas de sobrevivência. É forçoso indagar aqui até que ponto o tipo de rotina imposta a esse contingente populacional, espremido entre um trabalho duro e mal remunerado e uma habitação mal construída e precária, poderia ser de fato considerado como uma 'oportunidade melhor'?

Por outro lado, é preciso levar em conta que o campo também passava por transformações sucessivas e eliminava parte considerável da agricultura de subsistência praticada por famílias produtoras em várias regiões do Brasil e do mundo.[15] Substituídas por latifúndios e também por atividades de agronegócio, que são intensivos no uso de capital, as pequenas unidades produtivas desaparecidas deslocaram milhões de famílias para os centros urbanos. Em sua imensa maioria desprovidas de meios materiais para montar um negócio próprio e desqualificadas profissionalmente para ingressar num mercado de trabalho cada vez mais especializado e competitivo, essas pessoas tendiam a engrossar a massa humilde e despreparada que disputava os espaços e oportunidades de trabalho e moradia, cada vez mais concorridos.

Tal discrepância terminou repercutindo de modo acintoso no panorama das cidades. O adensamento populacional intensificado não encontrava correspondência na oferta de infraestrutura urbana compatível. Essa mão de obra constituída de migrantes oriundos das áreas rurais empobrecidas, ou reorganizadas em termos produtivos, nem sempre se colocava de maneira formal e organizada no mercado de trabalho, sobretudo na indústria e nos serviços, fontes tradicionais de empregos abundantes, e tinha dificuldades ainda maiores para retornar ao seu lugar de origem e recomeçar uma vida baseada em novas perspectivas.

Já se discutiu à exaustão a possibilidade de levar de volta ao meio rural pelo menos uma parte dessa massa humana desprovida de oportunidades nas grandes cidades. Volta e meia, ideias desse tipo retornam à baila, numa busca de solução para o grave problema da favelização crescente das metrópoles (e mesmo dos centros menores), ou seja, da urbanização irremediável da pobreza. Mesmo nos anos 1950, quando o 'drama urbano' estava apenas começando e o crescimento das favelas do Rio de Janeiro ainda parecia contornável, sugestões como essa se tornaram comuns

---

[15] Uma introdução à questão pode ser encontrada na obra de Mark Davis: *Planeta Favela*. Tradução de Beatriz Medina. Posfácio de Ermínia Maricato. Ensaio fotográfico de André Cypriano. São Paulo: Boitempo, 2006, pp. 22-29.

entre os assim chamados formadores de opinião. Não foram raras as vezes em que, no curso de debates e discussões sobre o tema, autoridades dos mais diferentes matizes se manifestaram para defender o retorno dos migrantes à terra de origem.

A não elucidação dos processos contraditórios resultantes da industrialização capitalista, nesse tipo de discurso, poderia levar a crer que esses mesmos processos dispensam qualquer questionamento ou explicação, como se não houvesse nada para ser discutido no modelo de desenvolvimento predominante no Ocidente, posto que tudo se passe como se obrigatório fosse, tal qual uma lei da natureza. Se os países ditos desenvolvidos enfrentaram esses problemas, por que os 'emergentes' não deveriam se defrontar com dificuldades semelhantes? E, por outro lado, como resistir ao padrão de soluções aplicadas naquelas economias avançadas, tendo em vista que se revelaram tão eficientes na eliminação do mal-estar urbano causado pelo crescimento industrial acelerado, em especial após a Segunda Guerra Mundial?

Durante o período da construção de Brasília, a adesão dos formadores de opinião e dos formuladores de políticas públicas a essas ideias foi inequívoca. De um lado, havia a necessidade cada vez maior de moradias para a população urbana em franco crescimento; de outro, havia a precariedade dos métodos tradicionais de construção civil no segmento das casas populares. Isso porque a edificação de habitações para a população de baixa renda era tradicionalmente feita por pequenas empresas, que não tinham escala e eram detentoras de tecnologia rudimentar. Nelas, predominavam métodos e técnicas artesanais, carentes de mecanização e de padronização dos materiais, assim como a falta de especificação para as dimensões das construções. Ou seja, elas pertenciam à era do improviso e da falta de preparação. A isso, vinham se somar ainda as velhas práticas de autoconstrução.

A edificação de moradias pela população de baixa renda tinha de partir de uma 'equação complexa', em que se incluíam os custos do terreno, da construção e da manutenção, a relativa segurança quanto à posse do imóvel, a proximidade em relação ao trabalho ou às oportunidades de trabalho, as condições de abrigo e proteção do lugar. Em geral, as áreas urbanas que melhor atendiam a essas especificações eram formadas por terras públicas, terrenos abandonados ou não ocupados pelos proprietários, espaços insalubres e/ou de risco. No caso do Rio de Janeiro, os primeiros sítios a oferecerem tais condições foram os morros e encostas, logradouros não almejados pelas parcelas mais abastadas da sociedade para a construção de habitações. Posteriormente, as periferias mais afastadas também foram sendo incorporadas a esse processo de rápida expansão. O fato de que as origens do problema eram bastante conhecidas não significava a sua pronta solução:

> Do outro lado, a massa rural que acorre às cidades tem, por falta de especialização, rendimentos mínimos. Em consequência, a maior parcela destes é gasta em bens de consumo genérico, em particular alimentos. A cota destinada ao aluguel é baixa, incapaz, portanto, de remunerar o capital investido na construção de uma casa. Não resta outra alternativa ao homem do campo que chega à cidade senão improvisar um barraco no morro e em áreas da periferia da cidade, ou residir em habitações coletivas. (Desenvolvimento & Conjuntura, ano III, julho de 1959, p. 106) [16]

---

[16] A revista Desenvolvimento & Conjuntura era o periódico oficial da Confederação Nacional da Indústria (CNI) e tinha por objetivo principal discutir as questões mais importantes relacionadas ao crescimento industrial brasileiro. Não é de espantar que o enfoque privilegiado nessa matéria sobre habitação tenha sido justamente o da viabilidade lucrativa, para a indústria da construção civil, da edificação de casas populares nas principais cidades do país e, em especial, na capital federal.

Embora a população de baixa renda moradora de casebres e favelas, no Rio de Janeiro, não fosse formada apenas ou principalmente por migrantes provenientes da zona rural e contasse com milhares de famílias cariocas, o fato é que o adensamento populacional da cidade sofreu as consequências desses deslocamentos migratórios que se intensificaram nos anos 1950. Pressionados pelos baixos rendimentos de seu trabalho e pelos altos custos de subsistência nas grandes cidades, os trabalhadores pobres deixaram de constituir um mercado efetivo para o setor da construção civil, que reclamava do poder público uma ação eficaz no sentido de consolidar empreendimentos lucrativos para os seus investimentos.

A construção de casas populares era, de fato, uma necessidade inadiável. Mesmo os operários regulares da indústria, os trabalhadores com emprego fixo no setor de serviços e os demais empregados especializados em inúmeros campos profissionais enfrentavam enormes dificuldades para estabelecer moradia no Rio de Janeiro. O nível salarial baixo era o principal responsável pela inadequação das habitações que eles podiam pagar. A falta de uma política regular de ampliação da oferta de imóveis baratos era a outra ponta da imensa rede de problemas que cercavam o quadro habitacional da capital. Assim, uma parte considerável dos trabalhadores pobres era compelida a procurar abrigo nessas áreas carentes de infraestrutura elementar, pela absoluta inexistência de alternativas compatíveis com o seu patamar salarial.

O empobrecimento dos trabalhadores urbanos não era propriamente uma novidade brasileira. Embora muitas vezes dispusessem de qualificação e emprego, não conseguiam obter uma renda mínima que lhes garantisse o acesso aos bens essenciais de subsistência, inclusive a moradia. Ficavam à margem do mercado de habitação, apesar de fazerem parte da economia formal, de modo significativamente contraditório. Para os trabalhadores de baixa renda, é sempre mais difícil transformar (ou ver transformadas) as suas necessidades em mercadorias. A insuficiência dos seus ganhos impede-os de ter uma participação ativa como consumidores. Como, no capitalismo, tudo é produzido para fins de compra e venda, inclusive as habitações, a posição desses trabalhadores tende a ser sempre mais frágil nas condições normais do mercado.

Exatamente por isso, o mercado tinha (e ainda tem) uma atuação limitada como elemento regulador da ordem econômica, na questão da habitação popular no Brasil. A população desabrigada ou mal alojada não consegue impor ao mercado imobiliário a sua carência habitacional, nem é capaz de atender a uma oferta adicional de melhores residências, em virtude de seu (permanente) baixo poder aquisitivo. Ou seja, quando comparados aos demais grupos socioeconômicos, os trabalhadores pobres não podem representar, concretamente, um mercado ativo (de aluguel ou de compra) para bens habitacionais regulares. Por isso mesmo, procuram 'dar o seu jeito'.

O crescente déficit habitacional na década de 1950 conduziu a uma favelização cada vez mais acelerada do Rio de Janeiro. Sem dispor de recursos para adquirir ou alugar a mercadoria moradia, dentro do modelo de urbanização e de controle da propriedade territorial que predominou no país, os trabalhadores mais pobres improvisaram suas casas correndo muitos riscos. No longo prazo, essas circunstâncias revelar-se-iam desastrosas, contribuindo para a formação de imensos complexos habitacionais desprovidos das condições mais elementares de higiene, salubridade e conforto, espalhados por todas as áreas da capital.

O aumento das pressões sobre o Estado brasileiro para solucionar a carência de habitações populares correspondeu à falência progressiva da oferta de moradias para aluguel, nas condições em que os mais pobres pudessem pagar. Uma das principais medidas governamentais tomadas no sentido de contornar o problema, que se intensificou ao longo das décadas de 1930 e 1940, foi a criação de uma legislação específica para regular o inquilinato, que visava proteger os moradores inadimplentes contra as ações de despejo.

Todavia, o empobrecimento contínuo dessa população, associado às regras de proteção aos inquilinos (consideradas rígidas pelos proprietários), tendeu a afastar prováveis investidores e especuladores desse segmento especial da construção civil, reduzindo significativamente a oferta de casas populares para alugar.

O mercado, portanto, revelou-se como a 'antissolução' para o problema da habitação popular no Brasil e, em especial, no Rio de Janeiro. Ainda assim, os agentes produtivos da indústria da construção civil buscavam reafirmar o seu poder de determinar os rumos da política definida para o setor. Com base no censo demográfico de 1950, o artigo da revista Desenvolvimento & Conjuntura examinado aqui levantou a hipótese de que havia, no Distrito Federal, uns 186 mil favelados, aos quais deveriam ser somados os moradores de "casebres e outros prédios rústicos", totalizando cerca de 250 mil pessoas.[17] Sendo lícito supor que entravam anualmente na capital uma base de 60 mil indivíduos provenientes das mais diversas regiões do país, e admitindo que pelo menos 50% deles se localizassem nas favelas, o número de favelados teria alcançado, em 1959, a cifra impressionante de 520 mil.

Como a densidade predial estimada para esse tipo de moradia era de quatro pessoas por unidade, chegava-se à conclusão de que existiriam no Rio de Janeiro daquela época cerca de 130 mil barracos

---

[17] Os dados apresentados sobre essa questão devem ser ressalvados por sua imprecisão. Sempre houve enorme deficiência na coleta e no processamento dessas informações. Vale lembrar que o IBGE iniciou a informatização de seus serviços somente em 1960. Conforme sugeriu uma especialista: "A busca de dados fidedignos sobre as condições de moradia e a situação fundiária de nossas cidades é frustrante pela falta de rigor nos levantamentos. O desconhecimento nacional sobre esse universo é gerado, em parte, pela confusão que cerca as titularidades de terras e seus limites. Essa confusão abrange tanto os cartórios de registros de imóveis como os cadastros imobiliários urbanos. O número de brasileiros que moram em favelas é bastante subdimensionado pelo IBGE, como não poderia deixar de ser" (Maricato, 2002).

espalhados pelas inúmeras aglomerações humanas à margem da cidade 'formal', que não eram, portanto, minimamente atendidos pelos serviços urbanos essenciais, como fornecimento de água, eletricidade e esgoto, coleta de lixo etc. Caso as mesmas condições habitacionais presentes continuassem prevalecendo na capital, e nada viesse a ser feito para modificá-las, em pouco tempo, esses números se multiplicariam numa ascensão descontrolada.

Segundo o entendimento da referida publicação, a solução do grave problema habitacional existente no país deveria passar, obrigatoriamente, pelo investimento governamental, na forma de um programa de relativo curto prazo, destinado a cobrir o déficit de moradias para a população trabalhadora. No artigo em questão, propunha-se ainda como padrão de habitação popular mais adequado às necessidades brasileiras a prescrição de duas pessoas para cada dormitório. Tomando por base esses números, a proposta veiculada pela CNI formulava um gasto médio com cada unidade de casa popular da ordem de Cr$ 200 mil (duzentos mil cruzeiros) que, em valores atualizados, correspondem a aproximadamente R$ 108.000,00.

A fim de enfrentar o déficit habitacional estimado do Brasil, seriam necessários cerca de Cr$ 60 bilhões anuais (cerca de R$ 32 bilhões atuais), apenas para a construção de novas moradias, e mais Cr$ 20 bilhões anuais (ou quase R$ 11 bilhões atuais) para a reposição de prédios e casas cuja vida útil (calculada pelos especialistas em cerca de 100 anos) tivesse sido encerrada, o que totalizaria uma média de Cr$ 80 bilhões por ano (ou aproximadamente R$ 43 bilhões atuais). Somente disponibilizando tal cifra em investimentos, o país lograria superar o seu já secular atraso no campo da moradia popular, oferecendo aos trabalhadores as condições básicas de conforto e higiene em suas residências.

No caso específico do Distrito Federal, seriam necessários cerca de Cr$ 26 bilhões (ou cerca de R$ 14 bilhões atuais) para gasto imediato, no intuito de resolver o grave problema da favelização crescente da cidade, que, em 1959, já havia adquirido contornos dramáticos.[18] E mais Cr$ 3,6 bilhões anuais (ou quase R$ 2 bilhões atuais) para acompanhar o crescimento demográfico da metrópole, além de outros tantos Cr$ 1,2 bilhão ao ano (ou aproximadamente R$ 650 milhões atuais) para reposição de casas e edifícios desgastados pela passagem do tempo e tornados inabitáveis e/ou insalubres. Em resumo, pelas contas da CNI, era urgente a substituição das 7 ou 8 milhões de moradias "anti-higiênicas e inadequadas" existentes em todo o Brasil, e também a construção de uma média de 300 mil novas residências, todos os anos, para abrigar o incremento populacional brasileiro, estimado em aproximadamente 1,5 milhão de pessoas. Uma tarefa de fato impressionante.

O reconhecimento do problema era bastante difundido. As formas de enfrentá-lo, porém, não só divergiam de modo significativo como também deixavam de alcançar a sensibilidade da maioria das pessoas. Pelo estado atual da questão, é impossível não pensar que muito poderia ter sido feito se tivesse existido um mínimo de engajamento, de comprometimento com o futuro da coletividade. Mas não foi assim. A indiferença, o desprezo, a desconfiança e a repulsa predominaram. De fato, as reações mais acaloradas tendiam a oscilar entre o mais completo desdém com a sorte dos habitantes das favelas e o clamor desesperado pela eliminação desses núcleos habitacionais, sempre que eles pareciam ameaçar a 'estabilidade' da vida urbana.

Desde a década de 1930, os Institutos de Aposentadorias e Pensões e, mais tarde, a Fundação da Casa Popular (criada em 1946) tentaram responder a essa crescente demanda por moradias

---

[18] A bibliografia sobre as favelas do Rio de Janeiro é imensa, e parte dela está citada no final deste ensaio. Muito foi produzido sobre o tema nos anos recentes, o que enriquece a análise da questão e ajuda a entender o problema em muitas das suas dimensões mais importantes.

da população de baixa renda.[19] Mas foram decepcionantes os seus resultados. Nenhum desses órgãos conseguiu de fato atender às necessidades cada vez maiores de habitação nas principais cidades brasileiras. O Estado, então, nas suas variadas instâncias, ficou aquém das expectativas e das exigências da população. Nessa mesma época, surgiram iniciativas capitaneadas por lideranças religiosas, entre as quais se destacou de modo sobejo o cardeal Dom Hélder Câmara, com a Cruzada São Sebastião, que foi responsável pela construção de alguns dos mais renomados conjuntos residenciais cariocas, entre os quais se sobressaiu o do Leblon:

> Das pocilgas onde viviam na mais abjeta promiscuidade, os favelados passam hoje para os confortáveis apartamentos que a grande Cruzada São Sebastião lhes construiu no Leblon. De agora em diante, a vida, que lhes parecia tão má, perversa e negando-lhes até o direito de morar com decência, oferece-lhes perspectivas novas de paz e segurança. Seus filhos, que chafurdavam na lama e na imundície, expostos a perigos sem conta resultantes da falta de higiene, já agora respirarão ares salutares e terão motivo para olhar o mundo com alegria e confiança.

---

[19] Os principais institutos previdenciários engajados nessa tarefa foram o IAPB (bancários), o IAPC (comerciários), o IAPTEC (trabalhadores em cargas), o IAPI (industriários), o IAPM (marítimos) e o IPASE (servidores públicos). A Fundação da Casa Popular foi instituída pelo Decreto-Lei nº 9.777, de 06 de setembro de 1946. Em seu artigo 1º, item I, ao tratar das incumbências da nova autarquia, ficava previsto que era sua principal atribuição: "proporcionar a brasileiros, e a estrangeiros, com mais de dez anos de residência no país, ou com mais de cinco anos quando tenham filhos brasileiros, a aquisição ou construção de moradia própria, na zona urbana ou rural". Apesar desse esforço de reconhecimento do problema, a Fundação teve uma existência bem aquém de suas pretensões iniciais e acabou sendo extinta em 1964, padecendo de permanente falta de recursos para investimento.

(...) Nesta manhã radiosa, as primeiras turmas de favelados passarão para os seus apartamentos. Outros edifícios se construirão, tantos quantos bastem para abrigar essa população numerosíssima que apodrecia nos casebres das favelas. (JB, 03 de janeiro de 1957, p. 5)

Praticamente todos os jornais consultados fizeram comentários elogiosos à iniciativa de Dom Hélder Câmara. Joel Silveira, por exemplo, deu à sua coluna do dia seguinte à inauguração do conjunto residencial do Leblon o título de "Uma vitória", e nela pregou a necessidade de se desvincularem os moradores das favelas, na maioria das vezes trabalhadores sofridos, dos desocupados e desordeiros, em parte responsáveis pelas circunstâncias de violência que ocorriam na capital (DN, 04 de janeiro de 1957, p. 2). Em sua opinião, era fundamental que iniciativas desse tipo mostrassem aos cariocas, e aos brasileiros, de um modo geral, que morar em favelas não era uma escolha de vagabundos e facínoras, mas uma contingência determinada pela falta de opções. A expansão desordenada desses núcleos expressava a impotência da Prefeitura do DF.

Desde o começo do período da construção de Brasília, o problema das favelas do Rio de Janeiro ocupou as páginas dos principais jornais, com bastante frequência. Basicamente, as matérias publicadas tendiam a oscilar entre o alarme diante de seu crescimento vertiginoso e a crítica à falta de pulso dos órgãos públicos encarregados da questão. O ex-prefeito Henrique Dodsworth, por exemplo, que governou o Distrito Federal de 1937 a 1945, escreveu uma coluna em que propôs a extinção das favelas como única solução definitiva para o problema, que merecia ser tratado, em sua opinião, do ponto de vista exclusivamente "técnico". Os moradores removidos das favelas deveriam seguir rumo aos "parques proletários", grandes conjuntos residenciais que precisavam ser construídos em quantidades adequadas para abrigar o número crescente de habitantes dos núcleos favelados da capital (CM, 28 de março de 1956, p. 2).

Embora o tratamento em geral dispensado ao assunto tivesse um enfoque predominantemente social, a questão ambiental já despontava como preocupação. Foi o que se observou, por exemplo, num encontro promovido pelo Serviço Florestal do Ministério da Agricultura, em outubro de 1956, com o objetivo de discutir os danos causados pelas favelas ao meio ambiente da capital. O secretário-executivo da Campanha de Educação Florestal daquele órgão, engenheiro agrônomo Alceo Magnanini, defendeu a remoção urgente das favelas localizadas nos morros e encostas do Rio de Janeiro, e o seu imediato reflorestamento.[20] Como o risco de desmatamento era iminente, o engenheiro sustentou que os moradores dessas favelas precisavam ser removidos rapidamente, mesmo que fosse para recolocá-los em novos barracos, desde que estivessem situados nas várzeas e não prejudicassem as matas e florestas da região, justificando assim a sua proposta:

> Não temos obrigação de dar uma casa ou um apartamento a cada favelado, como faz mui nobremente Dom Hélder Câmara. (...) No Brasil, as favelas não são apenas um problema social, como até agora têm sido encaradas; elas representam uma verdadeira calamidade florestal. (CM, 04 de outubro de 1956, p. 2)

Como a cidade cresceu em torno dos morros e encostas, a impressão mais superficial que ficou foi a de que as únicas áreas devastadas de suas matas e florestas foram aquelas ocupadas pelas favelas. Sabe-se que não foi bem assim. Inúmeros bairros e áreas nobres do Rio de Janeiro, e mesmo de seus subúrbios mais

---

[20] Alguns anos depois, esse procedimento foi parcialmente adotado no Parque da Catacumba, nas margens da Lagoa Rodrigo de Freitas, onde antes se erguia a Favela da Catacumba, que foi removida em 1970 e deu lugar, de um lado, a um belo parque florestal mantido pela prefeitura, mas também, de outro, a vários prédios de apartamentos de alto valor imobiliário.

afastados, foram tomados à vegetação natural e se ergueram sobre uma contínua transformação do meio ambiente. Em muitos casos, à frente desses movimentos se encontravam os principais agentes da especulação imobiliária local. Grandes empreendimentos foram erguidos em áreas que hoje seriam consideradas essenciais à proteção ambiental. O fato é que, desde aquela época, embora ainda timidamente, esse tipo de preocupação com a preservação dos recursos naturais já começava a ganhar adeptos:

> Devastação criminosa das florestas do Distrito Federal — A cidade cresceu assustadoramente. A mentalidade de alguns homens, porém, ficou estagnada. As nossas matas, tão necessárias como protetoras de mananciais e amenizadoras de nossa canícula, estão sendo devastadas criminosamente. A Prefeitura autoriza a derrubada de matas por particulares. (CM, 11 de dezembro de 1956, p. 3)

É claro que os cuidados tendiam a ser maiores em relação ao crescimento das favelas na zona sul do Rio de Janeiro, área tradicionalmente habitada pelos segmentos de renda mais alta e onde se concentravam as principais atrações turísticas da cidade. Os núcleos favelados acabavam disputando espaços com outros interesses imobiliários e/ou empresariais, que reagiam ao seu crescimento. Como se pode observar na advertência feita por Wilson Silva, secretário da Sociedade Amigos da Lagoa, diante do aumento desordenado de aglomerações desse tipo num dos locais mais bonitos da cidade e mais valorizados em termos de custo do metro quadrado:

> Favelados levantam trinta barracos por dia na Lagoa [Rodrigo de Freitas]. Esse problema nos assoberba e quando comunicamos ao Serviço de Favelas e Habitações

Anti-Higiênicas da Prefeitura [SERFHA][21] que em tal lugar estão se levantando novos barracos, eles nos respondem que nada podem fazer, pois a única viatura de que dispõem está com defeito. (JB, 31 de outubro de 1957, p. 7)

Alguns meses depois, apareceram relatos nos jornais acerca das providências tomadas pelos órgãos responsáveis da Prefeitura do Distrito Federal quanto a uma das suas mais belas relíquias arquitetônicas da era colonial, a igreja do Outeiro da Glória. Ali também, no caminho de subida para o pátio da igreja, começara a se formar um núcleo favelado com os primeiros barracos montados. As providências não tardaram e logo foi derrubada mais uma iniciativa da população no sentido de ocupar os espaços disponíveis para prover uma 'solução' rudimentar para o seu problema crônico de moradia na capital:

> Prefeitura devolve paisagem do Outeiro da Glória: demolições já começaram. Está sendo restaurada a antiga paisagem do Outeiro da Glória, quando casas e edifícios não escondiam sua vista aos que passavam na Rua do Russell. A Prefeitura já limpou o terreno em frente à igreja e prepara-se para fazer um jardim e uma rampa de acesso, onde estava se formando uma favela. (JB, 06 de setembro de 1958, p. 11)

Embora os dados e números oficiais sobre o problema sejam controversos, para esse período, é possível levantar a hipótese de que, pelos registros da imprensa local, as autoridades responsáveis

---

[21] O SERFHA (Serviço Especial de Reabilitação de Favelas e Habitações Anti--Higiênicas) era o principal órgão encarregado pela Prefeitura do Distrito Federal para fiscalizar e resolver os problemas concernentes às habitações insalubres da capital.

até que trabalharam um bocado diante da crise habitacional. Quanto mais não seja, pelo menos para desmantelar diversos núcleos iniciais de favelas que começavam a se formar, antes que viessem a se tornar aglomerações populosas o bastante para impedir e/ou dificultar a sua remoção. Ainda que não houvesse planos adequados para a instalação da população removida, o fato é que inúmeras tentativas de iniciar um agrupamento favelado malograram justamente em função da ação imediata dos órgãos encarregados, no sentido de eliminar os primeiros focos antes que pudessem adquirir resistência suficiente para se perpetuar.

Alguns representantes do poder público ousavam nas suas promessas. Um dos principais responsáveis pela gestão do SERFHA, por exemplo, como foi publicado na imprensa, manifestou-se com grande ardor na ocasião do lançamento da Operação Cidade Maravilhosa, organizada pela Prefeitura do Distrito Federal, para assentar providências referentes ao controle das favelas e à repressão aos camelôs e vendedores ambulantes, que "infestavam a cidade": "Vou revolucionar a cidade. Farei desaparecer as favelas do Rio de Janeiro" (JB, 04 de dezembro de 1958, p. 11).

Assim como era difícil fazê-las desaparecer, e a longa passagem do tempo se encarregou de demonstrá-lo, também era muito complicado lhes dar outro destino. Logo depois desse arroubo do presidente do SERFHA, e pela segunda vez em poucos meses, a Prefeitura mandava desmontar os barracos de uma favela erguida na Rua Leopoldo de Bulhões, em Benfica, em plena calçada. De acordo com o depoimento do funcionário encarregado de providenciar o desmonte daquela aglomeração, Gualberto Macedo Costa, o movimento de constituição desses núcleos habitacionais era quase sutil, silencioso e, acima de tudo, muito rápido:

> Uma favela como esta começa com um bocado de tábuas que são empilhadas na calçada. Depois, pouco a pouco, vão chegando peças de mobiliário, cadeiras, mesas e até

guarda-roupas. Quando se dá fé, há um barraco completo no meio da calçada. Outros em seguida começam a aparecer. (JB, 30 de janeiro de 1959, p. 9)

Ao buscar o testemunho dos moradores que estavam sendo removidos, no entanto, o repórter colheu uma fala muito mais consternada, pontuada pelo receio diante do que estava por vir, com a sua remoção, e pelo ressentimento em relação ao abandono em que se encontravam. Como já foi tantas vezes afirmado, as condições de vida nas favelas, embora cercadas de toda sorte de infortúnio, eram preferíveis, em muitos casos, às alternativas oferecidas pelo poder público para grande parte dos seus moradores: "Agora vamos para Vigário Geral por conta da Prefeitura. Mas o local ali é ainda pior do que este, porque é cheio de lama, escuro e deserto. Da outra vez, um rapaz morreu afogado no pântano, sem que ninguém pudesse fazer nada" (JB, 30 de janeiro de 1959, p. 9).

Ao retratar o quadro de abandono a que estavam relegadas essas comunidades precárias instaladas a esmo, as reportagens dos jornais chegavam a um alto grau de dramaticidade. Sem indicar exatamente o nome da favela referida, por exemplo, e apenas apontando a sua localização nas margens da Avenida Brasil, o repórter chamou atenção para a triste rotina de uma população entregue à própria sorte, cujo nível de dificuldade cotidiana parecia acima daquilo que qualquer um pudesse suportar:

> Moradia? Somente com bastante boa vontade e muita força de expressão é possível alguém dizer que os casebres das favelas cariocas, estejam eles situados nas grimpas dos morros ou fincados nos charcos à margem da rodovia Brasil, são moradias. Pelo menos, em sã consciência, não se pode dizer tal coisa, já que inexistem ali os vestígios mais remotos de conforto e higiene.
>
> Parque infantil — Por sinal, são as crianças as maiores vítimas daquele desconforto e falta de asseio, pois, na sua

inocência, indiferentes ao perigo que as cerca, brincam de apanhar caranguejos nos atoleiros da favela. É esse o parque infantil que têm à sua disposição, naquele mundo de miséria situado a poucos passos da estrada por onde passam os carros conduzindo os passageiros dos aviões internacionais. (DN, 02 de fevereiro de 1956, Segunda Seção, p. 1)

Obras de fachada e novas ideias também repercutiam na imprensa carioca. Os estudantes da Faculdade Nacional de Arquitetura, por exemplo, elaboraram um projeto com o objetivo de "melhorar a vida nas favelas", que esperava contar com a colaboração de empresas comerciais. Inspirados no bairro La Boca, em Buenos Aires, e com a orientação de um escultor e um desenhista, visavam dar melhores condições de conforto e higiene à população das favelas, com a pintura dos barracos, começando a empreitada pela comunidade do Morro do Pasmado, em Botafogo (DN, 1º de agosto de 1956, Segunda Seção, p. 1). Só não ficou muito clara na reportagem em questão a relação entre uma coisa e outra, ou seja, de que maneira aqueles estudantes esperavam prover conforto e higiene aos moradores das favelas apenas pintando os barracos?!

Anos mais tarde, o assunto voltou à baila como panaceia para o desconforto das moradias constituídas por barracos e casebres, nos morros e encostas da cidade. Numa campanha promovida pelo Departamento de Turismo e Certames, da Prefeitura do Distrito Federal, pretendia-se pintar esses barracões com cores variadas, tentando melhorar ao máximo o seu aspecto, sempre tão exposto aos olhos de quem visitava (e habitava) a capital. Segundo as declarações do diretor do DTC, tal pintura deveria obedecer a um plano previamente estudado por artista competente no gênero (tudo muito científico). Para tal, as favelas seriam fotografadas e com base nessas fotografias seriam escolhidas as cores mais adequadas. Concluído o estudo, os moradores seriam, então, informados sobre o conteúdo da proposta:

> Como disse o senhor diretor, com a miséria colorida, as favelas tomarão aspecto higiênico e até estético. Hoje, elas são uma nódoa negra pregada nos morros, bem à vista da população e dos visitantes da cidade. Com o plano, continuarão sendo favelas, continuarão expostas privilegiadamente aos olhos de todo mundo, mas com um aspecto decente de limpeza. (DN, 03 de outubro de 1959, Segunda Seção, p. 1)

Quer dizer, basta pintar de cores vivas que o aspecto melhora imediatamente! Entre as soluções estapafúrdias e o completo abandono, as favelas do Rio de Janeiro expandiram o seu alcance por toda a extensão da metrópole. Mas as dificuldades não residiam apenas nas condições de moradia da população mais pobre. Em relação à 'morada eterna', as complicações também se avolumavam. Os jornais noticiavam que as tribulações para encontrar um lugar para sepultamento dos mais pobres tendiam a se agravar naquela época. Ou seja, se viver era difícil, morrer, então, nem pensar, pois os contratempos daí advindos seriam ainda piores: "Pobre não pode morrer por falta de sepultura. Não há mais vagas nos cemitérios da cidade. Em estudos nova necrópole" (DN, 14 de março de 1957, Segunda Seção, p. 1).

Favelas coloridas, cemitérios lotados, falta de habitações condizentes com a baixa renda, enfim, um quadro geral de desolação que afetava a existência de milhares de habitantes do Rio de Janeiro. Entre as consequências mais perversas das más condições de vida da população mais pobre, apontava-se a propagação de doenças contagiosas, a diminuição da produtividade do trabalho, a deficiência educacional das crianças, levando-as ao alcoolismo e à delinquência (DN, 08 de janeiro de 1956, Segunda Seção, p. 1). Por fim, um panorama completo de desamparo e consternação que afligia as almas mais sensíveis e exigia solução urgente.

A associação entre miséria e criminalidade começou a ganhar contornos de princípio sociológico entre certos grupos da sociedade.

Numa crônica em que abordava o problema das favelas cariocas, um célebre engenheiro brasileiro se deixou alarmar com as péssimas condições de vida ali existentes, afirmando que os seus moradores viviam "como animais entocados, numa promiscuidade onde desaparecem os menores resquícios de pudor". Classificando os seus habitantes como "pessoas sem escola, sem religião, sem exemplos de moral", concluiu que eles se tornavam monstros "por culpa da sociedade". Entre as várias medidas (técnicas) sugeridas para a catástrofe em curso, destacou a necessidade de "melhorar as condições físicas das favelas, de modo que não prejudiquem muito o aspecto da cidade" (JB, 15 de junho de 1958, p. 3).

Numa outra matéria publicada alguns dias depois, outro célebre engenheiro brasileiro declarou que de nada adiantaria construir casas e apartamentos para os moradores das favelas (numa clara condenação às ações capitaneadas por Dom Hélder Câmara), pois o seu principal problema era de educação. Para ilustrar o que dizia, citou o exemplo do Congo, onde os colonizadores belgas "deram casas aos indígenas e surpresos verificaram que eles continuavam a cozinhar ao ar livre" (JB, 27 de junho de 1958, p. 11). Parece que nem lhe passou pela cabeça que cozinhar do lado de fora da casa pudesse ser um hábito ancestral daqueles povos, certamente identificado a outros aspectos de sua cultura. Para o respeitado engenheiro, as medidas destinadas ao enfrentamento do problema das favelas cariocas deveriam se concentrar em deter o seu crescimento de forma imediata, promover ações sociais e de educação sanitária, além de realizar a urbanização das favelas existentes.

Os registros obstinados da imprensa sobre as favelas expressam os contornos dramáticos que a crise habitacional foi adquirindo na capital. Mas, ao mesmo tempo, eles também significam certo requinte do olhar que lhes atribui proporções e/ou qualidades muito maiores do que realmente possuem. Havia uma insistência mal disfarçada acerca da Zona Sul da cidade, onde o surgimento de simples barracos ou aglomerações era alardeado com relativa persistência. O que nos permite sugerir, mais uma vez, que as autoridades municipais competentes reagiram com algum êxito em suas tentativas de barrar o avanço desses aglomerados, sobretudo na zona mais valorizada da metrópole. Embora os números e dados sobre esse período não sejam propriamente completos e confiáveis, as notícias dos jornais permitem esse tipo de juízo:

> Por outro lado, numa observação geral dos 'números', as áreas que começam a aparecer insistentemente na imprensa como 'infestadas' de favelas — como Copacabana e Lagoa — parecem ter uma visibilidade muito mais imobiliária e política do que física e quantitativa. (Silva, 2005, p. 185)

Isso é verdade em relação aos jornais aqui pesquisados. Embora apareçam, aqui e ali, informações acerca de núcleos favelados em toda a extensão da capital, o enfoque primordial recai mesmo é sobre a Zona Sul. Com o agravamento da situação geral da habitação popular nessa época, os comentários começaram a ganhar cores cada vez mais vibrantes de preconceito e discriminação. Ao ser indagado sobre o aumento acentuado das favelas na região considerada a mais nobre da cidade, o diretor do Ipeme (Instituto de Pesquisas e Estudos de Mercado) não titubeou ao afirmar com precisão a "verdadeira natureza do problema":

> O favelado da Zona Sul não satisfaz as exigências mais elementares no campo da higiene e da melhoria do seu nível de vida. Prefere gozar as inovações do progresso, sem levar em conta a sua estabilidade e dos seus dependentes. (...) As favelas da Zona Sul, comparadas com as demais, despontam como aglomerados de parasitas, enquanto as da Zona Norte e as dos subúrbios, muito embora a crônica policial diga o contrário, apresentam-se socialmente mais úteis. (JB, 03 de abril de 1960, Segundo Caderno, p. 12)

Embora contundente, o entrevistado não explicou o que seria uma favela socialmente "mais útil". Chamou os favelados da Zona Sul de "parasitas" e julgou-os indignos de usufruir dos bens urbanísticos de melhor qualidade presentes na região. Já retratadas como paródias republicanas das senzalas, as favelas cariocas continuaram a reproduzir, dentro dos seus limites, uma força de trabalho cada vez mais integrada ao modelo socioeconômico produtor de desigualdades crescentes que predominou no Brasil, por todo o século XX. Não abrigavam apenas os que estavam "de fora", "à margem", ou os meliantes. Ao contrário, acolhiam muitos daqueles que, mesmo estando na mais profunda intimidade dos lares abastados (babás, cozinheiras, motoristas, faxineiros) eram considerados estranhos ao ambiente social no qual trabalhavam.

Enquanto isso, os bairros e regiões destinados à moradia dos grupos sociais mais abonados ampliavam cada vez mais o seu espaço na cidade do Rio de Janeiro. Em abril de 1960, todos os grandes jornais da capital publicaram anúncio comercial de página inteira, no qual os investidores eram convidados a comprar terrenos no Recreio dos Bandeirantes, com a promessa de uma lucratividade exemplar. De um lado da página, havia uma fotografia da orla de Copacabana no comecinho do século XX, quase sem nenhuma construção. Do outro, havia outra fotografia daquele paredão compacto de edifícios que caracteriza a Avenida Atlântica, desde a década de 1940. Abaixo dessas duas imagens, e seguindo a mesma direção, havia uma fotografia da orla do Recreio dos Bandeirantes, completamente deserta (expressando as suas condições físicas naquele momento) e ao seu lado um quadrado branco com os seguintes dizeres: "E amanhã? Valorização garantida." Ou seja, outro imenso paredão de arranha-céus, para a alegria dos especuladores de plantão! (DN, 1º de abril de 1960, p. 5)

O texto do anúncio era bastante claro. "Amanhã" estaria acontecendo com o Recreio dos Bandeirantes a mesma coisa que acontecera com Copacabana, ou seja, o enriquecimento extraordinário dos proprietários de terrenos. Essa era a verdadeira qualidade do processo de urbanização que estava em curso na cidade do Rio de Janeiro: promover a fortuna dos especuladores! Quem saísse na frente, no caso do Recreio, certamente não iria se decepcionar depois, dadas as altas expectativas de valorização dos investimentos. Durante anos, assim, a aquisição de uma casa ou um apartamento na Barra da Tijuca ou no Recreio dos Bandeirantes foi, além de uma forma de investimento lucrativo para os cariocas mais endinheirados, um local de veraneio para passar férias e fins de semana junto às mais belas praias da região, que ainda não haviam sofrido intenso processo de ocupação.

Ao mesmo tempo, havia grileiros por todos os lados no Rio de Janeiro, segundo as notícias veiculadas na imprensa. Eles atuavam tanto nos bairros mais afastados, como Sepetiba e Barra de Guaratiba, quanto nas áreas mais valorizadas da Zona Sul. Em geral, tendiam a se apropriar com mais facilidade de terrenos públicos e/ou terras ocupadas por moradores de baixa renda, como pescadores, pequenos agricultores e artesãos. Sem documentos formais de propriedade, desassistidas por advogados e defensores, incapazes de enfrentar a violência e a força muitas vezes empregadas para 'resolver' a questão, essas populações eram mais facilmente desalojadas de casas e sítios que habitavam, em muitos casos, há várias gerações. Os grileiros faziam ainda fortunas com os terrenos públicos, beneficiando-se ilegalmente da falta de controle e de comprovação documental legítima (DN, 07 de junho de 1957, Segunda Seção, p. 1; DN, 02 de julho de 1957, p. 2; DN, 08 de maio de 1958, Segunda Seção, p. 1).

O aumento extraordinário das moradias precárias e insalubres, no Rio de Janeiro, acabou facilitando o risco de incêndios e desabamentos, que se multiplicaram assustadoramente, durante os anos da construção de Brasília. Santa Marta, Jacarezinho, Praia do Pinto, Esqueleto, Roquete Pinto foram algumas das favelas cariocas atingidas pelo fogo, que muitos acreditaram ser criminoso, com imensos prejuízos (e mortes) causados aos seus habitantes. O desapossamento progressivo dos mais pobres contribuiu para incrementar ainda mais o contingente populacional das favelas e dos loteamentos irregulares que proliferavam na capital, abrigando um número cada vez maior de pessoas e dando razão ao comentário publicado no Diário Carioca:

> Não se pense que apenas marginais neles fixaram residência, levando vida ociosa, recorrendo a expedientes criminosos. Ali moram sem conforto, nem higiene, por falta absoluta de habitações populares na metrópole. (DC, 03 de janeiro de 1956, p. 4)

Embora experimentassem um adensamento populacional cada vez maior, as favelas do Rio de Janeiro, como se sabe, não contavam com a mínima infraestrutura. Notícias diárias davam conta de que não havia, por exemplo, nenhum tipo regular de policiamento na favela da Rocinha, que já alcançara a cifra elevada de 48 mil residentes e vivia à míngua de qualquer socorro. Faltava-lhe ainda a instalação de um telefone público e, o mais grave de tudo, uma escola para alfabetizar as inúmeras crianças (DN, 14 de novembro de 1959, p. 3). Mesmo sem informar com precisão algumas das suas fontes, os jornais continuavam alarmados com a precariedade das condições que predominavam nas favelas do Rio de Janeiro:

> Seiscentas mil pessoas, quase duas vezes a população de Copacabana, habitam as 94 favelas do Rio, com um crescimento demográfico três vezes superior ao da própria cidade, segundo os dois últimos censos. Quase 300 mil dessas 600 mil pessoas são crianças e adolescentes que a favela condiciona social e psicologicamente: a maioria desconhece sequer o hábito de escovar os dentes. (JB, 21 de abril de 1960, p. 29)[22]

---

[22] Num estudo acadêmico recente, registra-se uma afirmação bastante contraditória a esta: "O censo do IBGE de 1960 assinala um total de 147 favelas no Rio de Janeiro, havendo surgido, portanto, de um censo [1950] para outro, cerca de 89 favelas. A população favelada, por sua vez, passou de 169.305 para 337.412, indicando-se um incremento absoluto de 168.107 habitantes (ou 99,29%)" (Silva, 2005, p. 191).

Uma olhada rápida nos anúncios classificados de imóveis para alugar e comprar, no Rio de Janeiro, dá uma pequena ideia dos rendimentos minimamente necessários para dispor de moradia adequada na metrópole. Uma casinha no subúrbio ou um apartamento na Zona Sul exigiam a disponibilidade de algum ou de muito dinheiro, a depender das pretensões do candidato. Levando-se em conta ainda as necessidades de deslocamento diário e os custos de alimentação e vestuário, não é difícil perceber que a vida na capital era cara para os padrões de salário e renda vigentes entre os mais pobres. Morar, portanto, era uma das atribulações mais dolorosas de se enfrentar. 'Morar bem', então, só com muita condição (DN, 05 de junho de 1956):

> APARTAMENTOS PRONTOS
> Acabados de construir, de frente, grande sala 24 metros quadrados, 2 quartos, cozinha, grande área de serviço, dependências compl. de empregada. — Cr$ 370.000,00 [cerca de R$ 330.000,00 atuais] financiados em dez anos p/ Equitativa, restante a combinar. Ver e tratar no Edifício Londres, rua Siqueira Campos 138, Copacabana.
>
> Apartamento de frente (8° andar), 2 por andar, 2 salas, 3 amplos quartos com armários embutidos, 2 banheiros, cozinha, dependências de empregada, área de serviço com tanque de mármore, possuindo garagem. Preço: Cr$ 1.250.000,00 [cerca de R$ 1.100.000,00 atuais]. Local: rua Paula Freitas 44, próximo à praia, Copacabana.
>
> SUBÚRBIO DA CENTRAL
> Casa em Bangu — Aluga-se dois quartos, sala, etc. — Rua Lucílio Albuquerque 90 — Chaves no local com Sr. Geraldo. Aluguel: Cr$ 1.900,00 [atuais R$ 1.700,00]. Tratar Dr. Floriano, tel: 32.9079.

O mercado habitacional formal, portanto, situava-se a uma respeitável distância dos mais pobres. Para se ter um termo básico de comparação, vale a pena registrar os valores do salário-mínimo da época: de janeiro a agosto de 1956, o trabalhador recebia Cr$ 2.400,00 (atuais R$ 2.133,34); em agosto de 1956, o reajuste elevou o salário mínimo para Cr$ 3.800,00 (atuais R$ 3.377,78) e ficou em vigor até dezembro de 1958. De janeiro de 1959 a dezembro de 1960, o salário-mínimo brasileiro foi aumentado para Cr$ 6.000,00 (que correspondiam aos atuais valores de R$ 3.219,13, em janeiro de 1959, e R$ 1.806,34, em dezembro de 1960). Essas variações representam as oscilações inflacionárias do período que, só no acumulado de 1959, atingiram a cifra de 35,9%. É fundamental não esquecer que boa parte dos trabalhadores mais pobres não recebia sequer o salário-mínimo.

Não se pretende aqui fazer um exame exaustivo das condições socioeconômicas que caracterizavam o Brasil daquela época. Apenas se quer registrar a discrepância entre os ganhos obtidos por meio do trabalho pela população mais pobre e os custos efetivos da vida no Rio de Janeiro. Esses dois elementos são inseparáveis na história da cidade. Não mencioná-los, ao abordar o período da construção de Brasília, seria negar ou mistificar um dos aspectos mais relevantes da evolução urbana da antiga capital.

Os morros e encostas do Rio de Janeiro, com suas favelas apinhadas de barracos, fixaram sua imagem na paisagem da cidade. Não demorou muito a que também ficassem famosos como fonte de inspiração para grandes artistas nacionais. Em 1959, com apenas 24 anos de idade, o dramaturgo Gianfrancesco Guarnieri presenciou a estreia carioca de sua peça "Gimba, príncipe dos valentes", após grande sucesso alcançado pelo espetáculo em sua temporada de São Paulo, onde foi assistido por mais de 100 mil espectadores. Segundo o noticiário carioca, o principal motivo do enorme êxito de Guarnieri deveria ser atribuído à característica popular de suas peças, ao realismo com que expunha os temas sociais. Ao explicar suas influências, numa entrevista, Guarnieri afirmou que tivera por babá uma "preta velha" que o levava a passear nas favelas do Rio de Janeiro (DN, 02 de setembro de 1959, Segunda Seção, p. 1).

— **Subúrbios e bairros periféricos**

Estrada de Ferro Leopoldina, nas proximidades da estação da Penha, Zona Norte do Rio de Janeiro, junho de 1950. FONTE: Arquivo Nacional. Fundo Agência Nacional.

> Abandono dos subúrbios — As populações dos subúrbios do Rio de Janeiro têm toda razão de se sentirem abandonadas. Quem percorrer os setores da Estrada da Leopoldina poderá verificar que o olho do Governo Municipal não anda por lá. Méier (considerado a 'capital dos subúrbios') exibe ruas sem calçamento, sem calçadas e praticamente sem luz; quando chove, a lama interdita diversas ruas; os buracos são colossais; em todo o percurso da Central (Rocha, Riachuelo, São Francisco, Encantado, Engenho de Dentro, Piedade, Cascadura, Madureira, etc.) o estado de abandono e desolação é o mesmo. Ora, as populações dos subúrbios merecem dos poderes públicos a mesma atenção das outras. Pagam impostos e contribuem, em igualdade de condições. Por que então esse abandono? Por que só se olha para um lado? Por mais incrível que pareça, na Capital da República, existem regiões suburbanas que nem esgoto possuem. E não será necessário ir muito longe. Vila Isabel demonstra esse descalabro escandaloso. (DC, 14 de janeiro de 1956, p. 4)

QUANDO COMEÇARAM AS DISCUSSÕES para elaboração do projeto do Estado da Guanabara, chegou a ser levantada na Câmara de Vereadores do Distrito Federal uma sugestão no sentido de transformar os subúrbios do Rio de Janeiro em novos municípios, a fim de melhor organizar a nova administração. Isso mesmo, novos municípios! Por mais incrível que pareça, pelos relatos da imprensa, a proposta chegou a tomar corpo e foi discutida durante algumas sessões legislativas. Se não todos os bairros suburbanos, pelo menos os maiores e mais populosos foram os principais objetos dessa proposição. Parecia totalmente natural aos seus autores que o Estado da Guanabara devesse ser composto de várias unidades municipais e, para constituí-las, fossem indicados os maiores e mais densamente habitados bairros da região.

Todos os jornais aqui consultados reprovaram a proposta, tachando-a de manobra espúria destinada à rápida implantação de interesses escusos na administração pública, à busca de cargos e verbas destinados a beneficiar uns poucos. Apesar de não ter sido bem-sucedida, a proposição de transformar bairros em municípios, para ampliar as esferas públicas à mercê dos interesses fortemente constituídos, não era de todo estranha ao ambiente político da capital. De fato, ela representava uma das principais lógicas políticas particularistas que têm caracterizado a organização e o funcionamento da administração urbana das cidades brasileiras:

> O **clientelismo urbano** que trouxe para as modernas cidades brasileiras o padrão rural de privatização do poder local, tão bem transcrito por Vitor Nunes Leal na expressão **coronelismo, enxada e voto**, mas que nas condições urbanas se transformou em **assistencialismo, carência e voto**. Trata-se da lógica que está na base da representação política no Poder Legislativo Municipal, mas que precisa controlar parte da máquina administrativa para fazer a mediação do acesso pela população ao poder público. (Ribeiro; Júnior, 2011, p. 5, grifo nosso)

Tendo em vista a situação de permanente penúria em que viviam os subúrbios e bairros periféricos do Rio de Janeiro, sua transformação em municípios, para fins administrativos e financeiros, era uma verdadeira tentação. De fato, o incremento significativo da população (e do número de eleitores) nessas áreas deveu-se, em grande medida, ao próprio crescimento da cidade e das oportunidades de emprego e empreendimento dele decorrentes, que se acentuou de modo sobejo nas décadas anteriores e no decorrer dos anos 1950. Numa dinâmica bastante característica do modelo brasileiro de urbanização, o déficit de residências a preços acessíveis nas zonas mais próximas do centro conduz à periferização da população mais pobre e ao aumento do tamanho urbano, provocando um distanciamento cada vez maior dos núcleos habitacionais das camadas de renda mais baixa e promovendo uma extensão ainda mais avantajada da própria cidade.[23]

Alguns subúrbios e bairros periféricos da capital se distanciavam das áreas mais urbanizadas e modernas não apenas em termos geográficos. Entre eles, era como se décadas, ou mesmo séculos, de evolução estivessem a separá-los. Às deficiências que eram costumeiras em todas as regiões da cidade (falta d'água, queda de energia, carência de gêneros alimentícios), vinham se somar outras que acabaram se tornando características comuns desses espaços, dificultando ainda mais o cotidiano de sua população. Embora esses bairros tivessem surgido em épocas distintas, fossem bastante numerosos e muitas vezes bem distantes uns dos outros, os seus principais problemas eram praticamente idênticos. Na imprensa carioca, o seu retrato aparecia muitas vezes com forte carga de dramaticidade:

> Cineminha no subúrbio — Crianças com fome, mulheres percorrendo longas distâncias com a lata d'água na cabeça, homens brigando por um lugar na condução para o trabalho, ruas sem calçamento, ausência de condições mínimas de conforto e higiene, esses são aspectos comuns no subúrbio. Na grande área entre as linhas de trem da Leopoldina e a Avenida Brasil, quinhentas mil pessoas reclamam o direito de morar longe do lixo e dos mosquitos, de ter água fácil, condução, escolas, hospitais — condições normais de habitação. (JB, 10 de setembro de 1957, p. 7)

Jacarepaguá também se apresentava na mais completa ausência de assistência municipal: a falta d'água era calamitosa, o sistema de esgotos era precário e tinha baixíssima cobertura, a necessidade

---

[23] Para uma análise mais detalhada desse processo, consultar: SANTOS, Milton. *A Urbanização Brasileira*. 5ª ed. São Paulo: Edusp, 2005.

de calçamento das ruas era inadiável, em função dos buracos e da lama que cobriam a maior parte das suas vias de circulação (DN, 08 de janeiro de 1956, Segunda Seção, p. 1). No Irajá, um dos subúrbios mais populosos do país, as dificuldades se agravavam com a mais completa ausência de escolas para as numerosas crianças do bairro. Com seus amplos conjuntos residenciais (IAPC, IAPM e Iapi) e milhares de habitantes, segundo os registros da imprensa, Irajá continuava sem dispor de escolas, apesar dos reiterados apelos dos seus moradores e de outras tantas promessas do poder público municipal (DC, 23 de outubro de 1956, p. 3).

As autoridades competentes tentavam apresentar soluções, mas esbarravam sempre na alegada 'falta de recursos'. As deficiências acumuladas eram muitas e pareciam superar a capacidade de enfrentamento demonstrada pela Prefeitura do Distrito Federal. No bojo dessas tensões, foi encerrado o evento denominado IV Congresso de Reivindicações Suburbanas, sobre o qual se registraram raras notícias nos jornais pesquisados (DC, 04 de julho de 1956, p. 4). Realizado na capital desde o início do mês de junho de 1956, o encontro apontou como principais problemas dos subúrbios cariocas o transporte, a saúde, a educação e a urbanização. É interessante observar que não havia muitas queixas quanto à disponibilidade de moradias para a população crescente da região suburbana, talvez, em parte, porque a edificação de conjuntos residenciais naqueles bairros tenha sido bastante acentuada nos anos anteriores.

Ainda assim, a favelização da zona suburbana da capital se intensificou nesse período. Nos terrenos desocupados em torno da Avenida Brasil e das linhas ferroviárias, o adensamento populacional foi mesmo extraordinário. Esses núcleos habitacionais se formavam com incrível rapidez, sem que as autoridades municipais conseguissem (ou quisessem) detê-los ou reformá-los de modo condizente. Um fator adicional contribuía para aumentar ainda mais a pressão demográfica nos bairros mais afastados do centro: o deslocamento das pequenas indústrias e fábricas existentes no

Rio de Janeiro. Essas instalações manufatureiras de pequeno porte eram expelidas dos bairros residenciais da Zona Sul e do Centro e tendiam a buscar terrenos às margens das grandes rodovias para se instalar, a fim de aproveitar as melhores condições de acessibilidade. De um lado, barateavam os fretes de suas mercadorias e os custos de sua implantação, de outro, desafogavam o trânsito e liberavam as áreas nobres da metrópole.

Como esse deslocamento das instalações fabris não foi acompanhado pela construção paralela de vilas operárias em suas imediações, os loteamentos irregulares e as favelas cumpriram o seu papel de local de moradia. Morar perto do trabalho era fundamental para a população de baixa renda, tendo em vista os altos custos do transporte e o desgaste das horas passadas dentro das conduções. Ao defender a elaboração de um plano diretor que disciplinasse os usos do solo urbano da capital, delimitando sua zona industrial, o senhor Olavo Falcão, diretor-geral do Departamento Nacional de Indústria e Comércio, declarou: "Já que nossas cidades nasceram e cresceram sem qualquer planejamento, sou de opinião que tudo deve ser feito para melhorar as condições atuais das mesmas" (CM, 14 de novembro de 1956, p. 4).

Na falta de planificação, restava a recuperação. Não era fácil fazê-la. O ritmo de expansão urbana do Rio de Janeiro era muito acelerado, assim como o seu adensamento populacional. Ao mesmo tempo, a maior parte dos recursos acabava sendo empregada nas áreas mais urbanizadas, sobretudo no Centro e na Zona Sul, que abrigavam as residências da população de renda mais alta, os escritórios, os serviços profissionais, os centros de entretenimento, as atividades turísticas e as instituições intelectuais e artísticas da metrópole. A vocação turística do Rio servia ainda como pretexto para concentrar os investimentos nos bairros da orla oceânica, onde ficavam os principais hotéis e clubes noturnos que deram fama internacional à cidade. Os subúrbios, assim, ficavam à margem das várias iniciativas de revitalização urbana da capital:

(...) No meio de todos os problemas da terra carioca, problemas que desafiam diariamente a capacidade dos administradores, chamaríamos a atenção do prefeito para os subúrbios da Central, da Leopoldina e de outros ramais ferroviários. Há, por toda parte, o mais completo e vergonhoso abandono. Há desmazelo, há relaxamento, há displicência. Muita coisa que se observa por aí só existe porque nunca se abalaram os nossos administradores a cuidar da cidade com o carinho que ela merece. (DC, 1º de julho de 1956, p. 4)

No curso dos debates que se acaloravam em torno dos problemas de urbanização do Rio de Janeiro, o Diário de Notícias iniciou uma campanha denominada "Ajude a resolver os problemas da cidade", cujo objetivo era levantar as principais deficiências que cercavam o cotidiano de sua população, nas várias localidades do município (DN, 1º de maio de 1956, Segunda Seção, p. 2). As reuniões eram feitas, em geral, na sede de alguma instituição proeminente do bairro — uma escola, uma igreja, um centro social — e eram acompanhadas por representantes do próprio jornal e por membros das associações de moradores e amigos. Ao fim de cada encontro, tirava-se uma lista de prioridades que seriam encaminhadas às autoridades responsáveis, assim como publicadas nas edições seguintes do jornal. Os debates eram sempre muito concorridos.

No caso de Ramos, por exemplo, as principais demandas eram concernentes à limpeza das galerias de águas pluviais (responsáveis pelo [mau] escoamento das chuvas), à mudança do ponto de parada dos bondes, à falta de terminais de ônibus e lotações e à ligação com os demais bairros da região. Ou seja, as enchentes e os meios de transporte causavam grande dor de cabeça na população. A carência de novas escolas primárias e a má conservação das já existentes, a ausência de policiamento, a péssima rede de esgotos e a insuficiência da assistência hospitalar também foram apontadas como graves dificuldades enfrentadas pelos seus moradores

(DN, 03 de maio de 1956, Segunda Seção, p. 1; DN, 05 de maio de 1956, Segunda Seção, p. 1). É interessante observar as preocupações e os valores da população atingida: trata-se da reivindicação dos direitos mais elementares de cidadania, da manifestação das solicitações mais justas de pessoas que trabalham e lutam incansavelmente para construir uma vida melhor.

Quando chegou a vez de Vila Isabel, as mazelas apresentadas não foram muito diferentes: basicamente, seus habitantes reclamavam das más condições dos transportes, das poucas escolas públicas disponíveis e da inexistência (inquietante) de policiamento regular na região (DN, 25 de maio de 1956, Segunda Seção, p. 1). É forçoso pensar que o aprimoramento das condições gerais dos bairros da Zona Norte e dos subúrbios do Rio de Janeiro dependeu da ação organizada dessas comunidades, que interferiram com tenacidade na agenda da prefeitura carioca e reivindicaram os investimentos necessários à remodelação dos seus logradouros. Também salta aos olhos, mais uma vez, que a questão da moradia acessível não era exatamente uma das demandas mais prementes para esses habitantes que se engajaram na luta por uma cidade melhor. Ou seja, trata-se de um contingente populacional minimamente integrado ao contexto socioeconômico dominante, que possui emprego e residência apropriados e conhece os seus direitos.

O tradicional bairro de São Cristóvão, por outro lado, indicou como principal dificuldade a ser vencida diariamente pelos seus moradores a precária ligação do local com a Avenida Brasil (DN, 14 de junho de 1956, Segunda Seção, p. 1). Grande artéria do sistema viário da capital, a Avenida Brasil era fundamental para o escoamento do tráfego de automóveis e coletivos, facilitando o acesso ao Centro e aos demais bairros suburbanos. A população de Rocha Miranda, por sua vez, mostrou enorme interesse no debate de seus problemas cotidianos e lotou o auditório do Ginásio Nossa Senhora da Paz para apresentar as suas queixas mais importantes: ausência de telégrafo e telefones, deficiência grave nos transportes (longas filas de espera, poucos ônibus e lotações à disposição, trens sempre atrasados e lotados), coleta de lixo irregular, necessidade imperiosa de escolas públicas, policiamento inexistente, calçamento de ruas deficitário e assistência hospitalar inoperante (DN, 23 e 24 de agosto de 1956, Segunda Seção, p. 1). A cidadania parecia exercer sobre os cariocas um forte apelo.

Os representantes de Cascadura, pelo seu lado, afirmaram que o bairro precisava de pelo menos mais cinco escolas novas para atender a todas as crianças ali residentes, e que os poucos estabelecimentos escolares que já existiam se encontravam em péssimo estado de conservação: instalações sanitárias precárias, portas e fechaduras soltas, material escolar sujeito à deterioração por falta de armários adequados etc. Além disso, a assistência hospitalar de que dispunham era deficiente, o policiamento escasso e os transportes insuficientes, sendo que o abastecimento de água se apresentava sempre de modo irregular e apenas parcial (DN, 02 de setembro de 1956, Segunda Seção, pp. 1 e 7). E assim, sucessivamente, o Diário de Notícias promoveu esse debate com praticamente todos os subúrbios da capital, colhendo demandas semelhantes e urgentes.

Mesmo depois de finalizada a referida campanha, o jornal continuou dando especial destaque aos bairros do Rio de Janeiro que mais necessitavam de assistência municipal. O fato é que a passagem do tempo não amenizou a maior parte desses problemas e os moradores continuavam apelando à imprensa na busca de soluções. Uma carta da Associação de Moradores de Colégio (subúrbio da capital) foi enviada em agradecimento à colaboração do Diário de Notícias na solução de dificuldades anteriormente reclamadas: o transformador de energia elétrica que estava quebrado foi trocado e resolveu o caso da falta de luz, e as ruas foram capinadas e niveladas à máquina, facilitando a limpeza e a circulação (DN, 16 de fevereiro de 1958, Quarta Seção, p. 1). Esse padrão de utilização da imprensa como veículo das demandas populares continua em vigor no Rio de Janeiro, hoje expandido para as redes de rádio e televisão.

Nem sempre, porém, a resolução dos problemas foi assim tão fácil. Sepetiba era, de longe, uma das áreas mais abandonadas pelo poder público local, segundo as constantes notícias dos jornais. Acima de tudo, o seu acesso era extremamente difícil: as lotações que serviam à área eram antiquadas e se encontravam em péssimo estado de conservação, trafegando sempre lotadas e com grandes intervalos entre uma e outra, por ruas esburacadas e cheias de riscos. O maior de todos os dramas, contudo, era comum ao resto da cidade — a falta d'água. Os moradores da área necessitavam fazer, com frequência irritante e incômoda, uso de poços e carros-pipas para garantir um mínimo abastecimento. Esse era o retrato calamitoso de uma das localidades mais aprazíveis e belas de toda a metrópole:

> Sendo um dos pontos mais pitorescos da cidade, local que tanto poderia servir de atração turística pela beleza natural que envolve a orla marítima onde se ergue o bairro, Sepetiba vive, entretanto, à margem dos zelos da administração municipal, que não atende às necessidades mais prementes de sua população. (DN, 09 de fevereiro de 1958, Quinta Seção, p. 1)

Na Ilha do Governador, a situação não era muito melhor. O descaso das autoridades era mencionado com relativa periodicidade na imprensa carioca. Embora fosse bairro litorâneo, às margens da bela Baía de Guanabara, a Ilha sofria com a irregularidade da coleta de lixo, com a falta d'água em inúmeras ruas, com as praias sujas e descuidadas, com o policiamento realizado por apenas seis homens durante as 24 horas do dia, tendo uma média de 80 assaltos por mês (devidamente registrados), e com a baixa voltagem de energia, que dificultava imensamente a utilização de aparelhos elétricos (DN, 16 de fevereiro de 1958, Quarta Seção, p. 1). O aspecto de degradação dos subúrbios do Distrito Federal ficou ainda mais acentuado com a progressiva e incontrolável favelização de praticamente toda a sua extensão. Na década de 1950, esse processo começou a avançar de maneira dramática.

Havia ainda, nos jornais pesquisados, a menção ao lado bucólico dos subúrbios cariocas. Com o título pomposo de "Domingo no subúrbio há futebol, cinemas, namoro, baile e praia (às vezes)", o Jornal do Brasil publicou matéria longa sobre as atividades de lazer e os costumes que predominavam nos bairros suburbanos da capital. Missa, futebol, cinema, baile, namoro e praia costumavam preencher os domingos dos seus moradores, além de outras atrações que já se encontravam em desuso nas demais regiões da cidade, como o circo e o parque de diversões. O futebol era sagrado para os rapazes, jogado nos inúmeros campinhos espalhados por todos os logradouros. O lazer suburbano, assim, era percebido pelo jornalismo local com as suas peculiaridades próprias e o seu jeito bonachão, com um quê de simplório.

Segundo a reportagem, com exceção dos novos cinemas (Imperator, Palácio, Higienópolis, Mauá), quase todas as salas de exibição dos subúrbios não ofereciam o mínimo conforto: as cadeiras eram de madeira e cheias de chicletes grudados, sem ar-condicionado, sem fiscalização (as crianças podiam entrar em qualquer horário, inclusive à noite, sem que houvesse controle de faixa etária, de acordo com o tipo de filme). A plateia cantava as músicas e batia palmas, fazia piadas e comentários, vibrava com socos e tiros, participando ativamente do espetáculo. Para não ultrapassar a hora, os filmes eram geralmente cortados, as programações eram elaboradas sem o mínimo critério e havia ocasiões em que todos os cinemas de um mesmo bairro estavam exibindo o mesmo filme.

Os circos, por outro lado, continuavam frequentando os subúrbios cariocas. Uns com feras, outros com artistas do rádio, outros ainda com representação de peças teatrais. Alguns chegavam a ter programação para muitas semanas. Os parques de diversões, embora atraíssem as crianças e jovens, não eram muito recomendados em razão dos maus elementos que costumavam fazer ponto dentro de suas instalações. As serenatas ainda eram bastante comuns nos bairros suburbanos. Namorados apaixonados recitavam canções de amor sob a janela das mulheres amadas, em geral acompanhados de um violão e de algum amigo. O namoro, por sua vez, era feito no portão de casa, com a família da moça espiando da janela (JB, 04 de janeiro de 1959, p. 10). Esse era o registro do panorama cultural dos subúrbios cariocas encontrado na imprensa.

Ainda que os jornais apresentassem, com relativa insistência, as mazelas visíveis nos bairros suburbanos do Rio de Janeiro, havia certa tendência a retratá-los também por esse lado das tradições pitorescas e folclóricas. Os contrastes presentes nas distintas regiões da metrópole não escaparam ao olhar dos maiores cronistas, em todos os tempos. São fecundas as narrativas desses encantos singelos, dessa modéstia sincera, dessas expectativas fluentes:

> Atravessamos São Francisco Xavier. Estamos agora no subúrbio. Fundos de casas dão para a linha. Vêem-se salas de jantar modestas, mal iluminadas, amarelaças, com folhinhas pelas paredes; quartos, com armários de roupas e camas aparecendo, num despudor habitual e simples; cozinhas fuliginosas, tremendas, aflitivas, como caldeiras de navio... Nos pequenos quintais, telheiros de folha de zinco descem do muro, entre mamoeiros plebeus. (Ribeiro Couto [1924], 1998, p. 53)

> Lá não tem brisa / Não tem verde-azuis / Não tem frescura nem atrevimento / Lá não figura no mapa / No avesso da montanha é labirinto / É contra-senha, é cara a tapa / Fala, Penha / Fala, Irajá / Fala, Olaria / Fala, Acari, Vigário Geral/ Fala, Piedade / Casas sem cor / Ruas de pó, cidade / Que não se pinta / Que é sem vaidade. (Chico Buarque de Holanda, "Subúrbio", *Carioca*, 2006)

Foi também durante a década de 1950 que teve grande expansão a Região Metropolitana do Rio de Janeiro, com a integração à dinâmica econômica e urbana da cidade de diversos municípios vizinhos (Nilópolis, Nova Iguaçu, Duque de Caxias, entre outros) que se articularam à vitalidade do Distrito Federal e ajudaram a impulsionar seu crescimento. A progressiva urbanização desse vasto território em volta da capital acabou contribuindo também para impedir a formação de um 'cinturão verde' em torno da metrópole, com graves prejuízos ambientais para o seu desenvolvimento posterior. Os loteamentos substituíram chácaras e sítios preexistentes, sob pressão do adensamento populacional que se tornava cada vez mais agudo nesses arredores. A diminuição das áreas verdes e da proteção natural aos mananciais que abastecem os núcleos urbanizados da grande área metropolitana teria consequências graves sobre a qualidade de vida de toda a população local. Mais calor, maior poluição, condições de vida mais precárias seriam os resultados desse processo desenfreado de expansão física do Rio de Janeiro.

— (In)segurança

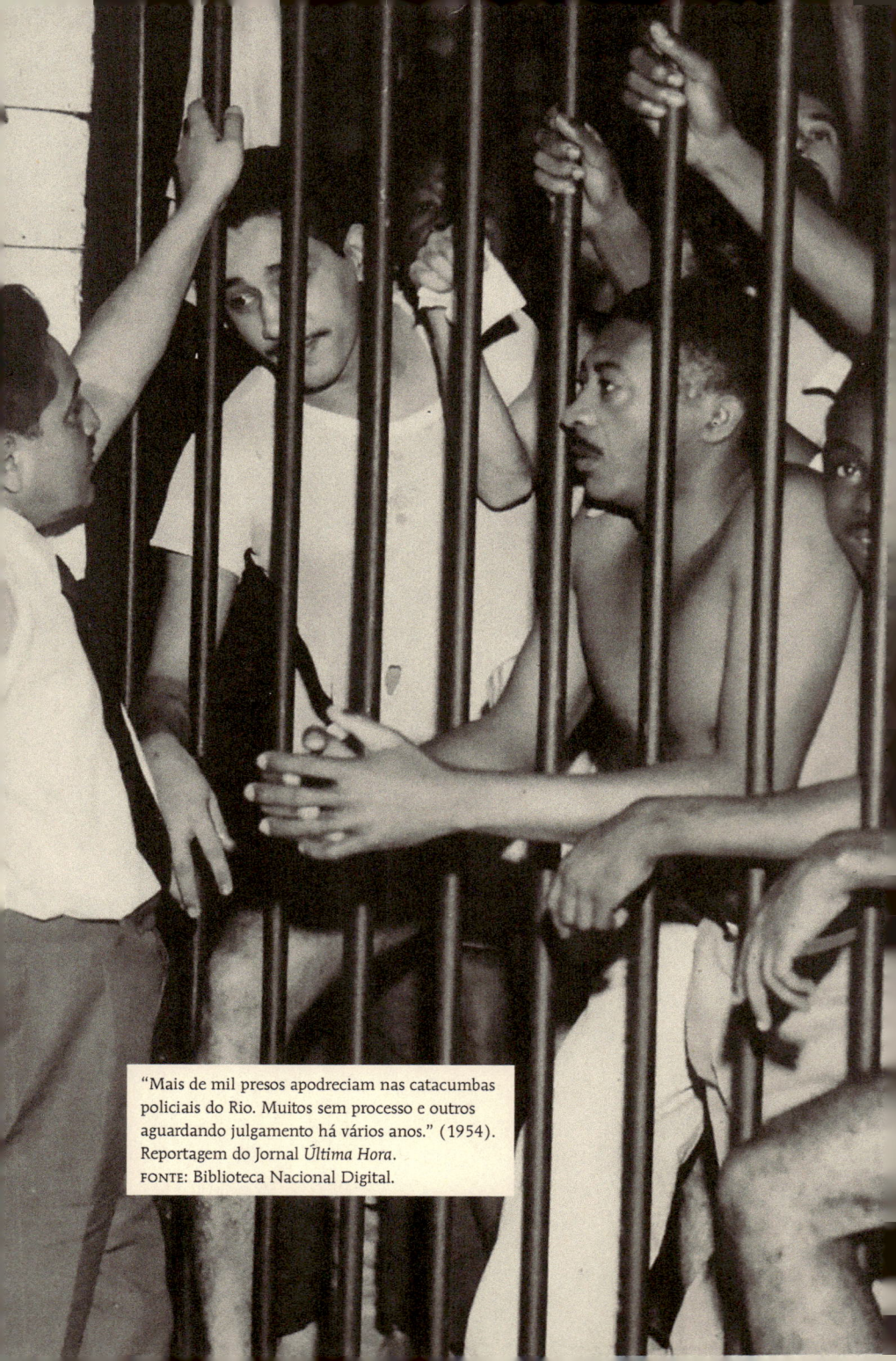

"Mais de mil presos apodreciam nas catacumbas policiais do Rio. Muitos sem processo e outros aguardando julgamento há vários anos." (1954). Reportagem do Jornal *Última Hora*.
FONTE: Biblioteca Nacional Digital.

> Na polícia e nas ruas — Elevado número de crimes de sangue neste começo de ano. Predominou tristemente a Zona Sul nesses acontecimentos. Festas terminadas por sanguinários em Santa Cruz e Ramos. Mulheres dão sua triste presença em casos passionais. Marinheiro baleado misteriosamente na Galeria Cruzeiro. Carregado de passageiros, o lotação precipitou-se no Canal do Mangue: doze feridos em conseqüência. (JB, 03 de janeiro de 1957, p. 9)

ENTRE A POLÍCIA E A JUSTIÇA, a situação de (in)segurança no Rio de Janeiro ficava cada vez mais complicada, ao longo da década de 1950. Pelo menos foi o que declarou o Chefe de Polícia do Distrito Federal, general Amauri Kruel, numa conferência que realizou no Clube dos Seguradores e Banqueiros (JB, 19 de dezembro de 1957, p. 10). Em sua opinião, a demora na punição dos infratores era um verdadeiro convite à criminalidade. Fatores como os menores abandonados, a justiça sobrecarregada e o aparelhamento policial precário eram os principais responsáveis pela onda de crimes que avassalava a cidade. Meses depois dessa conferência, os dados estatísticos da Corregedoria de Justiça do Distrito Federal revelariam que o número de crimes praticados na metrópole passara de 516 processos, em 1956, para 526, em 1957 (JB, 04 de fevereiro de 1958, p. 9).

As medidas de repressão efetuadas pela polícia não surtiam o efeito esperado. Em todos os jornais da época, os relatos diários de crimes e demais infrações eram abundantes. É de se notar que a imprensa, de modo geral, costumava dar um grande destaque a notícias desse tipo. Havia certo sensacionalismo no ar. As páginas policiais dos jornais eram coalhadas de relatos muitas vezes grotescos de crimes bárbaros, praticados contra criaturas completamente indefesas. Existia muita brutalidade no Rio de Janeiro. A falta de segurança era sentida (e registrada) em todos os quadrantes da capital e repercutia na demanda por mais polícia nas ruas e mais proteção à população:

Melhor policiamento — O Chefe de Polícia determinou aos delegados dos Distritos Policiais que realizem, com o pessoal lotado nas Delegacias, serviço de ronda nas suas jurisdições, visando a extensão do policiamento ostensivo e a formação de uma mais eficiente barreira à ação das inúmeras quadrilhas que infestam a cidade, quase impunemente. A medida parece ter resultado do número elevado de atentados e crimes que têm sido praticados por bairros e subúrbios, não raro à luz do dia. Merece, portanto, apoio o Chefe de Polícia. (DC, 03 de agosto de 1956, p. 4)

O que os jornais veiculavam, basicamente, eram reivindicações por melhores condições de segurança na capital, as quais expressariam a vontade dos cidadãos, que se viam desamparados diante da violência que grassava em todos os bairros da cidade (como já foi observado no capítulo anterior, a respeito dos subúrbios). De todos os lados se ouviam queixas, reclamações, indignação. No noticiário geral, o tom oscilava entre a revolta e o temor e desembocava, quase sempre, em acusações diretas à ineficiência dos órgãos de segurança e de justiça responsáveis pelo bem-estar da imensa população do Distrito Federal: "Só o acaso resolve os crimes misteriosos do Rio de Janeiro. Desorganização e anarquia reinam no Departamento Federal de Segurança Pública" (CM, 1º de fevereiro de 1956, p. 5).

O problema dos menores abandonados (mais tarde chamados de meninos de rua) teve enorme destaque nos jornais da época. Nos anos da construção de Brasília, o Rio de Janeiro amargava um triste quadro social que teimava em exibir as suas piores feições nas principais ruas e avenidas da cidade. Não apenas as favelas cresciam assustadoramente, como também aumentava a população que vivia nas ruas. O contingente de meninos que perambulavam pelas calçadas, pedindo esmolas e comida às pessoas que passavam, ou mesmo furtando quando a ocasião se apresentava propícia, só fazia crescer naqueles anos. O clamor por soluções diante desse quadro incômodo de desagregação social era muito forte. O órgão encarregado de enfrentar o problema — SAM: Serviço de Assistência aos Menores — fracassava a olhos vistos: "O Serviço de Assistência aos Menores é capaz de envergonhar e entristecer qualquer nação. O fracasso do SAM é um desafio à civilização brasileira" (DC, 02 de março de 1956, p. 4).

Em tons dramáticos, os jornais cariocas davam conta do gravíssimo problema das crianças desamparadas e dos danos causados à sociedade inteira por esse quadro calamitoso e desalentador de miséria explícita. As 'instituições' mantidas por esse órgão apresentavam uma descrição terrível das piores faces da degradação humana: havia meninas (de 10, 11 anos) grávidas, crianças doentes postas no mesmo ambiente das sadias, menores desamparados (sem família) junto com delinquentes, enfim, tudo aquilo que a imprensa chamava de "uma verdadeira escola de crime e perversão". Toda sorte de abusos e crueldades era praticada contra essas crianças, dentro do próprio serviço responsável pelo seu cuidado e bem-estar, expondo-as à violência brutal de vigilantes desapiedados e implacáveis:

> O problema dos menores — (...) Enquanto isso, a população infantil desamparada vai aumentando. Os menores enveredam pelo caminho da delinqüência e do crime, arrastados pela avalanche de todos os vícios sem encontrar quem os detenha. Por outro lado, os estabelecimentos que o governo mantém (exemplo, o SAM) são verdadeiras escolas de maldade humana. Ali não se educa, não se ensina, não se prepara o caráter da criança para o bem. Tudo isso é vergonhoso para uma nação que pretende ter voz ativa no concerto dos povos civilizados do mundo. (DC, 14 de agosto de 1956, p. 4)

Para as crianças desamparadas, assim, ficar nas instituições mantidas pelo poder público parecia ser muito mais perigoso, ou tão perigoso quanto perambular pelas ruas à cata da sobrevivência. As autoridades ainda tateavam na direção das melhores soluções para o problema, havendo conferências periódicas realizadas pelos juízes de menores, nas quais se propunha que a jurisdição policial fosse substituída pela assistência direta do Estado. Algumas opiniões indicavam que os menores em situação de risco não deveriam ser reprimidos como se fossem delinquentes, mas assistidos e reeducados como "elementos úteis ao meio social". Uma ação imediata era fundamental: por meio dos recursos públicos, deveriam ser criados estabelecimentos adequados para acolher e recuperar as milhares de crianças abandonadas que viviam pelas ruas do Rio de Janeiro.

Naquele momento histórico, pelos relatos da imprensa, a delinquência de menores parecia ter atingido um alto grau de periculosidade e uma grande dimensão, suscitando a reformulação dos modos convencionais de tratá-la. A palavra de ordem era prevenção. O procedimento a ser eliminado com urgência era a repressão policial, normalmente bastante violenta, mesmo contra as crianças. No entanto, apesar da gravidade que o problema aparentemente atingira, a mobilização em torno dele não foi tão significativa quanto exigiria a sua solução. Nos jornais, não era raro encontrar uma avaliação pessimista em relação aos dramas de segurança da metrópole:

> Com o progresso da cidade, as consequências da inflação, a alta do custo de vida, o pauperismo, a crise de habitação que degenerou na multiplicação das favelas, **todos esses fatores aliados à indiferença com que sempre foram tratadas as questões relativas aos menores**, criou-se uma situação verdadeiramente difícil e até já chegamos ao ponto em que os códigos, as leis, os regulamentos, constituem letra morta. (JB, 12 de junho de 1957, p. 5, grifo nosso)

A busca de soluções mobilizou alguns setores especializados. Cada vez mais se tentava enfrentar a questão por meio de métodos científicos adequados e testados com sucesso em outros países. Um curso de Especialização em Serviço Social do Menor, por exemplo, foi ministrado na capital por Érica Roth, profissional de renome na área. Destinado a assistentes sociais já formadas que desejassem qualificação especializada, o curso teve duração de dois meses e abordou os aspectos psicológicos, sociais e legais do problema. Além da renomada especialista, os inscritos contaram ainda com a realização de outras conferências e seminários tratando do mesmo objeto (JB, 16 de setembro de 1958, p. 13). Era basicamente o empirismo que se procurava deixar para trás. Por se tratar de assunto extremamente complexo, tornara-se fundamental baseá-lo na ciência.

Ao mesmo tempo, enquanto esses esforços eram empreendidos, em outras esferas da vida pública eram noticiadas inúmeras falcatruas em nome da proteção ao menor. Na Escola Quinze de Novembro, por exemplo, criada pela Prefeitura do Rio de Janeiro com a finalidade de "amparar os menores desvalidos, preparando-os para exercer uma profissão útil à sociedade", dispondo de oficinas de carpintaria, sapataria, alfaiataria e outras, imperavam a desorganização e a indisciplina. Com capacidade para abrigar mil alunos, oferecendo-lhes ensino fundamental e profissionalizante, os jornais noticiavam que a escola se encontrava no mais completo abandono. Até material para fumantes foi descoberto nos itens comprados com a verba de alimentação dos meninos internos (DN, 07 de maio de 1957, Segunda Seção, p. 1).

O SAM, por sua vez, dificilmente abandonava as páginas dos principais jornais. Periodicamente, eram anunciadas mais atrocidades praticadas dentro de suas unidades, tais como depravação, surras, tráfico de entorpecentes e roubo, sob a vista grossa dos responsáveis pela guarda e proteção dos menores (DN, 02 de junho de 1957, p. 6). O rol das barbaridades era grande. Havia ainda a 'indústria da miséria', da qual se beneficiavam inúmeras personalidades do mundo político local, detentoras de fartos privilégios. Segundo os principais noticiários, alguns vereadores famosos da cidade se locupletavam com vantagens absurdas à custa do sofrimento das crianças desvalidas e desamparadas:

> Lucros fabulosos no internamento de menores – O sistema consiste numa dupla manobra escusa: primeira, realizar o tráfico de influência para obrigar a PDF a recorrer aos colégios de propriedade dos políticos para internar menores; segunda, lançar as crianças no regime da fome, do desamparo e da promiscuidade, para receber as polpudas somas da municipalidade e gastar o mínimo com os molambos em que se transformam os internados. (DN, 1º de fevereiro de 1959, Segunda Seção, p. 1)

Esse círculo vicioso de exploração da penúria da infância para enriquecimento ilícito certamente dificultou a adoção de medidas rápidas para solucionar o problema. Grande parte dos recursos públicos destinados a esse cuidado com os menores em situação de risco era subtraída de seu verdadeiro fim e utilizada de modo a perpetuar a indigência de vasto contingente da população infanto-juvenil da capital. Dessa forma, em lugar de providenciar a recuperação dessas crianças, diante do quadro de miséria e sofrimento ao qual tinham sido submetidas, essas instituições, mantidas com dinheiro público, tratavam de realimentar a sua situação de privação e padecimento.

Dando sequência à publicação das atrocidades cometidas contra os menores desassistidos da capital, os jornais apresentavam denúncias constantes. Numa delas, acusaram "a tortura de menores por conta da PDF", quando foram apreendidas, no Instituto Padre Antônio Vieira, em Jacarepaguá, bordunas e palmatórias utilizadas para castigar os pequenos. Maus tratos, roupas sujas e comida nojenta caracterizavam as péssimas condições a que as crianças estavam subjugadas naquela instituição, levando alguns membros da diligência municipal ali realizada a chamá-la de "um autêntico campo de concentração" (DN, 15 de maio de 1959, Segunda Seção, p. 1).

Em outras duas escolas mantidas pela Prefeitura do Distrito Federal para o mesmo fim, nomeadas Pereira Nunes e Visconde de Abaeté, a situação era igualmente pavorosa: os internos eram obrigados a comer alimentos estragados e viviam sujeitos a terríveis punições (DN, 03 de julho de 1959, Segunda Seção, p. 1). Os registros dessas maldades cotidianas praticadas contra criaturas totalmente indefesas eram apresentados quase todos os dias, na imprensa carioca. Ainda que não tenham servido para eliminar de vez essa chaga social do Rio de Janeiro, pelo menos prestaram para demonstrar que o problema tinha uma face oculta verdadeiramente assombrosa.

Os esforços daqueles que desejavam de fato uma solução para o drama da infância desassistida da capital foram imensos, pelo que se pode extrair do noticiário, mas precisaram de muito tempo para surtir algum efeito. Enquanto grupos de interesse tirassem proveito (pecuniário) das péssimas condições de existência das instituições encarregadas de abrigar os menores em situação de risco, seria mais remota a possibilidade de erradicação das injustiças. Os pequenos (já então chamados 'pivetes') que conseguiam sobreviver na liberdade das ruas se fortaleciam formando bandos e agindo em conjunto para se defender da (forte e violenta) repressão policial:

> Menores delinqüentes – Os jornais, nos últimos dias, vêm registrando vários assaltos sofridos por alunos das escolas e dos colégios de Copacabana. Os assaltantes não são profissionais do crime e, por incrível que pareça, são menores já iniciados na escola da delinqüência. (DC, 25 de agosto de 1956, p. 4)

> Pobre infância — Continua nas ruas desta Capital o espetáculo constrangedor dos menores abandonados. Como verdadeiros trapos humanos, desnutridos, cobertos de farrapos, vivem ao léu da sorte, pedindo dinheiro aos transeuntes e até mesmo furtando, quando se oferece a ocasião. (CM, 06 de outubro de 1956, p. 5)

Entre o profundo cinismo de uns e a incrível indiferença de outros, acumulavam-se os dilemas da (in)segurança na capital. Houve quem achasse que a propensão à vigarice e à estupidez estivesse mesmo disseminada entre os cariocas, aumentando o clima geral de intranquilidade que prevalecia na metrópole — médicos, comerciantes, porteiros, trocadores de ônibus, motoristas de táxi, corretores de imóveis foram retratados, num desabafo sincero, como criaturas mal-educadas e quase sempre dispostas ao golpe e à desonestidade. Benjamin Costallat, um dos mais célebres cronistas do Rio de Janeiro, dono de algumas das mais belas páginas escritas sobre a cidade, queixou-se amargamente do clima pouco amistoso que predominava em vários âmbitos de seu convívio social:

> Quem vem de uma geração anterior não se pode ajustar ao egoísmo e à brutalidade dos dias de hoje; e não se conforma com a completa ausência da cordialidade, essa virtude antiga. (...) da falta de sentimentos e de cortesia elementares de gente que considera o próximo como um inimigo e só vê os interesses imediatos e bestiais, sem aquela pequena boa vontade e aquela pequena consideração que todos os homens merecem receber de seus semelhantes. (JB, 19 de julho de 1958, p. 12)

Essa queixa é no mínimo contrastante com o mito do carioca bem-humorado e bem-disposto, sempre pronto a fazer piada e se divertir, tão difundido. Na correria do dia a dia, como observou o cronista, pequenos gestos e cuidados já tinham se tornado raridade na metrópole. Nesse ambiente de hostilidades constantes entre uns e outros, de impaciência e irritação diante das necessidades alheias, era mesmo difícil que se enraizassem sentimentos como solidariedade e compaixão. Que dizer, então, do comprometimento com a sorte do próximo? A cidade sofria os impactos do seu próprio crescimento desordenado e acelerado e da ausência de políticas eficientes para lidar com os problemas a ele relacionados. Invariavelmente, os jornais tendiam a atribuir as principais responsabilidades ao governo federal, sobretudo porque apontavam como causa mais importante desse processo de aumento contínuo da indigência e da penúria a chegada constante de novos migrantes à capital.

Em média, o Serviço de Repressão à Mendicância da Prefeitura do Distrito Federal recolhia aos abrigos existentes cerca de 350 mendigos por mês. Segundo as declarações do seu diretor, Adalberto Couto, a tendência indicava um aumento cada vez maior desse número, em virtude da entrada de milhares de pessoas procedentes do Norte e do Nordeste, em grande parte "retirantes muito pobres", que vinham para o Centro-Sul em busca de melhores oportunidades. Nas ruas da cidade, eles podiam ser vistos sozinhos ou em grupo, muitas vezes apresentando alguma doença grave, como sífilis ou tuberculose, a pedir esmolas e favores aos passantes (JB, 03 de janeiro de 1959, Segundo Caderno, p. 5). Na visão desse dirigente, a Prefeitura estaria empenhada na "campanha contra os mendigos", embora tivesse dificuldades para vencer seu abundante acréscimo.

Adultos, jovens e crianças miseráveis circulavam pelas ruas da capital em grande número, sem que o poder público conseguisse apresentar medidas efetivas de solução para o problema. Embora campanhas fossem periodicamente deflagradas para dar combate à miséria explícita que se via no Rio de Janeiro, sua eficácia era quase sempre irrelevante. Em geral, a principal recomendação dos jornais era a repressão. O alarde, na imprensa, era grande. Com frequência, anunciava-se que a cidade era um "paraíso de delinquentes" e que os órgãos encarregados da repressão à violência nas ruas (leia-se, principalmente, a polícia) eram ineficazes.

Contra a polícia do Rio de Janeiro, a lista de reclamações era enorme. Não só apresentava índices baixos de efetivo combate ao crime, como se encontrava envolvida em inúmeras redes de extorsão e abuso de poder. Volta e meia apareciam notícias de cobrança de 'caixinha' por parte dos policiais, para fechar os olhos diante das irregularidades encontradas na comercialização de produtos e na prestação de serviços (que eles deveriam combater), ou mesmo para garantir 'proteção' aos proprietários dos negócios (contra criminosos que eles deveriam prender). Ou seja, em lugar de reprimir as atividades criminosas, a polícia ainda se associava a elas:

Beneficiavam-se com o jogo trinta policiais

Cerca de trinta policiais cariocas (delegados, comissários, detetives e investigadores) serão indiciados, até o dia 10 do corrente mês, pela Comissão de Inquérito do Jogo (...) como responsáveis e beneficiários do jogo no Rio de Janeiro. (DC, 3 de janeiro de 1957, p. 3)

57 comerciantes confirmam existência da "Caixinha"

(...) calcular em 10 milhões de cruzeiros [cerca de R$ 4,5 milhões atuais] mensais a receita da "Caixinha da Economia Popular". (DN, 6 de junho de 1959, p. 1-2)

O clima geral de insegurança que se respirava na capital era francamente atribuído pela imprensa ao mau desempenho da polícia local. Entre as muitas instituições do poder público nacional, a polícia, sem dúvida, ocupava lugar de destaque pela sua flagrante incapacidade de cumprir o papel para o qual fora designada. Ao mesmo tempo, em algumas reportagens dos jornais, surgia o reconhecimento de que o cumprimento das tarefas relacionadas à segurança pública era bastante prejudicado pelas péssimas condições de trabalho de que dispunham os vários órgãos de polícia, espalhados pela metrópole carioca:

> Por que é deficiente a Polícia Civil? — Quem acompanha, através do noticiário, a sucessão de crimes que se praticam nesta Capital, por certo responsabiliza a Polícia pela insegurança em que vive a população carioca. E realmente ela tem que ser a responsável e não a Saúde Pública. (JB, 25 de junho de 1957, p. 14)

> Sujeira e abandono nas delegacias distritais — Visita do Chefe de Polícia aos seguintes distritos localizados na Zona Norte: 15º, 17º, 18º e 22º. Num deles, o Comissário de plantão não conhecia sequer os limites da sua jurisdição. (JB, 11 de julho de 1957, p. 14)

O panorama de desolação que caracterizava a instituição policial no Rio de Janeiro tendia a se agravar nos bairros mais afastados do Centro. Já assoberbada com os inúmeros problemas que cercavam a sua existência na metrópole, sobretudo aqueles referentes ao sistema de transportes, a população das localidades mais distantes sofria ainda mais com o descaso e o abandono a que era relegada nas questões de segurança. O efetivo policial era insuficiente para cobrir até mesmo as áreas mais densamente habitadas e ocupadas pelas atividades comerciais e profissionais. Muitas vezes, o que restava era apelar à imprensa para divulgar os reclamos:

> Os moradores da localidade denominada Pau Ferro, em Anchieta, queixam-se de que o policiamento ali é inexistente. Diariamente, há tiroteios entre vagabundos, assaltos e arrombamentos, o que torna a vida daqueles que ali residem um verdadeiro inferno. Por intermédio do DC, esses moradores solicitam ao Chefe de Polícia uma providência, pois o Posto Policial de Anchieta só toma conhecimento dos casos consumados. Policiamento preventivo não há. Os criminosos andam pelas ruas, armados, sem serem sequer vistos pelos policiais. (DC, 11 de janeiro de 1957, p. 10)

Despreparo de um lado, truculência e má conduta do outro, eis as principais características da polícia carioca, segundo a imprensa da época. Faltavam-lhe atributos essenciais ao bom exercício de suas funções. Uma política de segurança, todavia, também não fazia parte efetiva do programa de administração da capital. O improviso e a solução de emergência acabavam por substituir um verdadeiro projeto de combate à violência e de estabilidade social. Por isso mesmo, volta e meia as notícias alarmantes sobre criminalidade levavam à adoção de medidas pontuais cuja eficácia era sempre irrelevante. A corporação policial, por sua vez, não recebia o tratamento adequado enquanto instituição pública destinada a proteger os cidadãos. O círculo vicioso daí decorrente servia, principalmente, para aumentar a insatisfação e a intolerância:

> Sangue e boçalidade — Das características dessa polícia o povo do Rio de Janeiro já está farto de ter ciência: é uma polícia bronca, selvagem, brutal nos seus métodos repressivos, de inteligência caolha. Sua técnica mais avançada ainda é o cachação, o espancamento, a tortura. (...) É certamente para contrabalançar a ineficiência que a polícia vez por outra afronta e revolta a cidade com demonstrações de força no melhor estilo do cangaço. (Crônica de Joel Silveira, DN, 05 de março de 1958, p. 2)

> Nesse quadro de contradições, apareciam medidas extravagantes e totalmente fúteis que buscavam dar conta das inúmeras dificuldades do dia a dia. Muitas vezes, a fim de atender clamores pela 'moralização dos costumes' na capital, a polícia acabava protagonizando situações de fato ridículas, sobretudo pela total frivolidade das decisões tomadas no sentido de reprimir as 'infrações' reclamadas. É interessante observar que, nessa questão, volta à tona o conflito entre uma imagem fabricada de sensualidade e licenciosidade do carioca e o moralismo fortemente arraigado de determinados setores da sociedade local, que reclamavam dos 'excessos' permitidos em área pública:

> Do amor e da polícia — A polícia carioca, que guarda em seus arquivos um dos maiores cadastros de crimes sem solução, deu agora, nesta cidade de criminosos com folha corrida e atestado de bons antecedentes, para dedicar-se à tarefa de perseguir o amor. Em vez de dominar assaltantes e criminosos, os policiais partem para surpreender e perturbar nos ermos a elaboração silenciosa da felicidade privada. (DC, 15 de agosto de 1956, p. 4)[24]

Surpreender e reprimir os amantes em suas horas de arroubo apaixonado tornara-se também missão policial no Rio de Janeiro! As funções de repressão às manifestações coletivas ou individuais de prazer e divertimento não pararam por aí. Novas iniciativas destinadas a moralizar os hábitos dos cariocas ampliavam o espectro de atividades cerceadas pela força policial em locais públicos, com ênfase nas manifestações mais abertas de licenciosidade. No entanto, brincadeiras inocentes à beira-mar passaram a fazer parte do rol de inconveniências que a polícia carioca pretendia erradicar por meio da vigilância permanente e da punição:

> A inefável polícia — A brava e ínclita polícia carioca vem de anunciar seu projeto de dar prosseguimento à salutar campanha de moralização da cidade, programando agora a repressão ao uso das raquetinhas de praia, instrumento do esporte conhecido por frescobol e largamente usado na orla marítima do Rio. Assim, o organismo policial vai acrescentar mais esse feito à sua brilhante folha de serviços, dos quais se vem destacando, ultimamente, o combate aos namorados cariocas, que andam a escandalizar a população passeando de mãos dadas e até mesmo beijando-se em público. (DC, 19 de agosto de 1956, p. 4)

---

[24] Folha corrida e atestado de bons antecedentes eram documentos fornecidos pelos tribunais de justiça para comprovar a idoneidade jurídica dos cidadãos, indicando que estavam quites com a lei.

É forçoso relembrar que a fama conquistada pela sensualidade dos cariocas encontrava justamente aqui o seu paradoxo: havia um clamor por moralidade que incidia exatamente sobre essa famosa tendência à descontração. Numa reportagem que tratava das principais reivindicações das associações de moradores dos bairros da Zona Sul, por exemplo, surpreende o fato de que todas elas pedissem a "moralização" das praias do Rio de Janeiro, alegando que "pessoas de outros bairros" vinham para as praias praticar "nudismo parcial", corrompendo, assim, os bons costumes que precisavam ser preservados (JC, 07 e 08 de abril de 1958, p. 5).

Expressando tais contradições, os jornais da época mostravam indignação e perplexidade diante desse quadro. Certamente, para muitos jornalistas que julgavam representar a opinião de determinadas parcelas de cidadãos, aquela não era a polícia de que a cidade precisava. Havia problemas muito mais sérios a enfrentar no campo da segurança pública. Coibir namoros, frescobol e biquínis nas praias não era propriamente uma boa contribuição para a melhoria das condições gerais de instabilidade que predominavam na capital, no período aqui abordado. Ocupar a polícia nessas funções também não parecia ajudar no combate necessário à criminalidade crescente:

> (...) Desse modo, e obediente à sábia orientação dos mentores de nossa polícia, o Rio se transforma numa cidade do vício; em que a autoridade compactua com o criminoso, geralmente por conta de uma justa divisão de rendas; em que andar pelas ruas é uma prática bastante arriscada, até mesmo durante o dia; em que a maconha é mercadoria plantada em jardins, e de venda tão fácil e legítima como outra qualquer. Mas, em compensação, é uma cidade da qual o frescobol e o namoro, se ainda não o foram, estão para ser definitivamente erradicados. (DC, 19 de agosto de 1956, p. 4)

Enquanto isso, vários bandidos e facínoras assustavam a capital. Alguns se destacaram pela ferocidade com que abatiam as suas vítimas. Outros se tornaram célebres pelos apelidos que carregavam. Sinfrônio Perdulário, de apenas 22 anos de idade, por exemplo, deu trabalho à polícia durante o período em que chefiou um bando de menores delinquentes, e foi condenado a mais de vinte anos de reclusão (DN, 27 de março de 1957, p. 11). Calça Preta era um famoso assaltante que atormentava a vida dos pedestres nos bairros centrais da cidade: audacioso, desafiava a força policial com frequência e baleava as pessoas sem a menor compaixão (DN, 15 de setembro de 1957, Segunda Seção, p. 5). Cabeleira, outro marginal atrevido e audaz, também causou graves prejuízos às forças de segurança da capital:

> Procurando, por todos os meios, fugir ao cerco que lhe vem sendo imposto por centenas de policiais, o facínora Luís *das Pitangas*[25], vulgo "Luís Cabeleira", continua implantando o terror no subúrbio da Leopoldina e, ainda na noite de ontem, reagindo à prisão, feriu à bala dois policiais. (DN, 1º de maio de 1958, p. 9)

Os malandros pés-de-chinelo davam enorme trabalho aos efetivos da polícia carioca. Habilidosos na arte de se esconder nos becos e morros da cidade, escapavam com alguma facilidade da repressão que se lhes tentava impor. Os registros de ocorrência de assaltos em vários pontos e ruas da capital eram corriqueiros, quase todos os dias noticiados, em profusão, nos principais jornais locais. Estabelecimentos comerciais e bancários, além de residências, sofriam ataques periódicos dos ladrões. Arrombamentos, assaltos à mão armada, roubos seguidos de morte, o cardápio era vasto e a constância dos episódios se tornava inquietante:

---

[25] Por segurança, a autora optou por usar nome fictício.

> Uma quadrilha realizou, na madrugada de ontem, uma série de assaltos contra várias bombas de gasolina situadas em pontos diferentes da Cidade, se apoderando de dinheiro e mercadorias das bombas e pertences dos empregados que estavam trabalhando nos estabelecimentos, no momento do assalto. (DC, 19 de junho de 1956, p. 10)

> Copacabana e sua vida intensíssima, de cidade dentro da cidade, está se tornando um grave problema para a polícia carioca. A crônica policial está cheia de assaltos à mão armada, crimes sexuais, casos de delinqüência juvenil que se passam no bairro mais elegante da cidade. Agora é o assalto a um banco, planejado e praticado no estilo dos "gangsters" americanos. (DC, 30 de novembro de 1956, p. 4)

A audácia dos bandidos era indiscriminada, sem qualquer restrição aos bairros ou às pessoas. Muitas vezes, agiam em bandos e realizavam uma verdadeira limpeza nos estoques dos estabelecimentos comerciais de vários tipos (inclusive farmácias), fazendo crescer as queixas e a revolta dos cariocas. Para despistar a polícia, muitos criminosos mudavam os pontos de atuação e seguiam praticando seus delitos por bastante tempo, até serem finalmente flagrados e apanhados. Em alguns casos, a demora das investigações policiais permitia que os marginais usufruíssem uma boa vida na metrópole, gastando o dinheiro roubado e aproveitando a liberdade:

> Condenado a mais de 26 anos de reclusão, pela terceira vez evadido da Penitenciária do Distrito Federal, *Manoel Atrevido*[26], vulgo "Manoel Bonitão", perigoso facínora, foi ontem finalmente localizado e preso pelas autoridades da Delegacia de Roubos e Falsificações, em diligência chefiada pelo próprio titular daquela especializada. (DC, 11 de janeiro de 1957, p. 10)

---

[26] Por segurança, a autora optou por usar nome fictício.

Manoel Bonitão, apesar de toda a sua astúcia, parece que foi mesmo apanhado 'pela boca': costumava se banquetear, com frequência, no Restaurante Cervantes,[27] em Copacabana, onde foi finalmente visto e reconhecido por um dos investigadores. Com 33 anos de idade, o meliante já havia consolidado uma vida de crimes marcada por "perversas e audaciosas proezas", mas acabou surpreendido pelo próprio apetite. Pelo que diz a notícia de sua prisão, ele não ofereceu resistência e se entregou pacificamente. É bem provável que, pelo histórico de fugas e subterfúgios que desenvolvera, tenha ficado mais uma temporada na prisão, para escapar novamente, tempos depois.

No plano das investigações propriamente ditas, a coisa não era muito melhor. Por todas as dificuldades que cercavam o trabalho da polícia no Rio de Janeiro, era de se esperar que grande parte dos crimes e delitos cometidos na cidade permanecesse sem solução ou castigo. A investigação criminal deixava muito a desejar. Por isso mesmo, havia um sem-número de 'crimes misteriosos' na história policial da metrópole, talvez mais por deficiência das apurações realizadas do que por características extravagantes dos criminosos. Os números indicavam essa discrepância entre os casos relatados e denunciados e as suas diligências efetivadas:

> A estatística dos trabalhos realizados pelo Serviço de Investigações Criminais (SIC) mostra uma coisa surpreendente: dos 1.036 inquéritos ali estudados a requisição de autoridades judiciárias e policiais, no ano de 1956, 271 tiveram resultados positivos e 765 foram negativos. Isto significa que houve 26,2% de trabalho útil e 73,8% de atividade improdutiva! (DC, 03 de fevereiro de 1957, p. 10)

---

[27] O Restaurante Cervantes, na Rua Prado Júnior, em Copacabana, era uma verdadeira "salvação" nas madrugadas cariocas, e tinha o melhor sanduíche de lombinho com abacaxi do mundo!

O clima de insegurança que predominava acabou ressuscitando algumas medidas de controle que já haviam sido tentadas no passado. Foi o caso da guarda noturna, que voltou a vigiar alguns bairros da cidade e que, tempos depois, seria recriada na forma dos vários modelos de segurança privada que existem atualmente.[28] Era a contrapartida dos serviços precários de segurança pública oferecidos pelas autoridades. É curioso observar que, no comando dessas atividades, encontravam-se, quase sempre, indivíduos oriundos dos setores públicos encarregados de prover os elementos essenciais ao bem-estar dos cidadãos, livrando-os dos perigos e danos da criminalidade:

> Com um vasto plano de ação, cuidadosamente elaborado, visando a estender dentro em breve uma rede de policiamento em todos os pontos da cidade, foi criada há poucos dias a "Associação Mantenedora da Vigilância Noturna do Distrito federal" (...). A nova entidade, organizada nos mesmos moldes da Guarda Noturna Particular, tem por missão fundamental proteger os lares, os transeuntes e os estabelecimentos do comércio e da indústria durante as horas da noite, exercendo deste modo uma atividade preventiva contra os assaltantes e toda a espécie de delinquentes que infestam as ruas do Rio. (DN, 24 de agosto de 1956, p. 13)

---

[28] A lembrança dos apitos do guarda noturno, durante a noite e a madrugada, ainda está bem preservada na memória de muitos cariocas que viveram nessa época.

As mulheres preenchiam algumas das páginas mais sangrentas e trágicas da crônica policial da capital, vitimadas pela violência de maridos e companheiros.[29] Em geral, os motivos costumavam ser bastante semelhantes: ciúmes e pedidos de separação. O marido ou companheiro procurava a mulher tentando se reconciliar; ao ser recusado, partia para a ignorância e esfaqueava a vítima. São dezenas de histórias desse tipo, na maior parte das vezes com um desenlace terrível. Quando não havia facadas, ocorriam tiros mortais. Alguns se suicidavam em seguida. Os dramas se passavam em todos os bairros da cidade: em Copacabana, área 'nobre e moderna', ou no subúrbio, ou ainda na favela. A localização era completamente indiferente. A repetição de um padrão de brutalidade e incivilidade, no entanto, era sistemática e inquietante.

Havia ainda um tipo de crime que também se ampliava no Rio de Janeiro dessa época: o contrabando. A serviço da mais variada gama de importações clandestinas, os contrabandistas realizavam altos negócios na capital, além de garantir o envio das mercadorias para inúmeras regiões do país. Por se tratar de delito de grande porte, capaz de envolver diversas atividades correlatas (como transporte e desembarque portuário, por exemplo) e pessoal especializado, normalmente ficava nas mãos de indivíduos mais preparados, com trânsito, inclusive, nas altas esferas da sociedade local. Esse era um tipo de crime que precisava contar com o 'apoio' de determinadas autoridades responsáveis, do contrário, não se consumaria. Mesmo assim, vez por outra, a polícia desarticulava operações de contrabando em terras cariocas:

---

[29] Houve pelo menos dois crimes bárbaros em que as mulheres foram protagonistas, nesse período, e que chocaram tremendamente o Brasil: o assassinato da jovem Aída Curi, atirada do terraço de um prédio de doze andares da Avenida Atlântica, após tentativa de estupro não consumada (em 14 de julho de 1958) e o ato covarde da mulher alcunhada de Fera da Penha, que assassinou brutalmente a filha de quatro anos do seu amante, porque ele se recusara a deixar a família para ficar com ela (30 de junho de 1960).

Apreendido um grande contrabando no Porto: cigarros americanos, isqueiros e uísque
Vultoso contrabando foi apreendido, na noite de domingo, por uma turma da Polícia Externa do Cais do Porto, em poder do indivíduo *Constâncio Náufrago*[30], mais conhecido entre os contrabandistas pela alcunha de "Bangu". (DN, 03 de julho de 1956, p. 15)

Três contrabandistas de armas presos pela polícia no Leblon
Agiam sob a chefia de um ex-piloto do Lóide Aéreo e carregavam armas norte-americanas. (DN, 09 de janeiro de 1958, p. 9)

Armas, certamente, para prover os contraventores locais. As ligações perigosas entre autoridades políticas e policiais e criminosos, que sempre estiveram na base do crescimento extraordinário da criminalidade, em todo o século XX, no mundo inteiro, também fizeram parte do panorama sociocultural do Rio de Janeiro. De fato, em determinados momentos, o despudor foi generalizado. Muito já se escreveu sobre essa associação desabrida entre lei e desordem, mas nunca será demais apontá-la como fonte indissimulável da insegurança que predominou na capital. Por meio de reportagens ricas em detalhes e ilustradas com fotografias cheias de estilo, como se estivessem informando um evento digno de menção honrosa, os jornais do Distrito Federal noticiaram com grande alarde um acontecimento digno de reflexão:

---

[30] Por segurança, a autora optou por usar nome fictício.

> **Dez mil cruzeiros de flores e muita gente na missa de *Tico-Tico*[31] — Ex-chefes de polícia, juízes, senador e deputados presentes — Prestígio do "Rei do Contrabando"**
>
> Quarenta minutos de cumprimentos, quinhentas pessoas, dez mil cruzeiros de flores, luzes, tapetes, três missas, dois violinos, duas cantoras, um organista, um batalhão de fotógrafos, cinegrafistas e jornalistas, um deputado, um senador, além de contrabandistas, operários e policiais, deram um movimento fora do comum à Igreja da Candelária, na manhã de ontem, durante os atos religiosos mandados oficiar em ação de graça pelo restabelecimento do Sr. *Manolo Conta Gatos* (*Tico-Tico*), tido como o "rei do contrabando" na Capital da República. (DN, 11 de setembro de 1958, p. 17)

Não se pode deixar de notar que o cenário de toda essa manifestação de júbilo pela pronta recuperação de 'Tico-Tico' foi um dos mais prestigiados e tradicionais templos católicos do Rio de Janeiro, palco de inúmeras outras celebrações marcantes na história da cidade e de sua gente. O beija-mão de um dos mais notórios contraventores da metrópole não poderia ser mais emblemático dessa identificação incômoda entre a sociedade civil (nas suas mais diversas expressões políticas e religiosas) e a criminalidade de alto escalão. De todo esse episódio, contudo, o mais incrível mesmo foi o motivo de tanta celebração: o popular 'Tico-Tico' tinha se submetido a uma cirurgia para retirada das amígdalas! É, no mínimo, curioso que tenha se dado tamanha importância a um fato assim tão corriqueiro.

A imprensa, por sua vez, se limitou ao registro do fato. Na realidade, talvez, o poder desse homem fosse tão grande que constituiria sério risco fazer qualquer tipo de crítica ou recriminação contra

---

[31] Por segurança, a autora preferiu usar nome fictício.

ele. Ainda mais naquelas circunstâncias, em que ele se recuperava de uma "operação delicada". Qualquer que tivesse sido o motivo, no entanto, a verdade é que os jornais não moveram campanhas de moralização quanto aos seus delitos. Fizeram o registro dos eventos que marcaram a recuperação de 'Tico-Tico', mas foi só isso. Ele, contudo, era contrabandista e vivia, portanto, fora da lei. Todavia, qual teria sido o custo de uma radical mudança de hábitos na cidade?

— Saúde pública

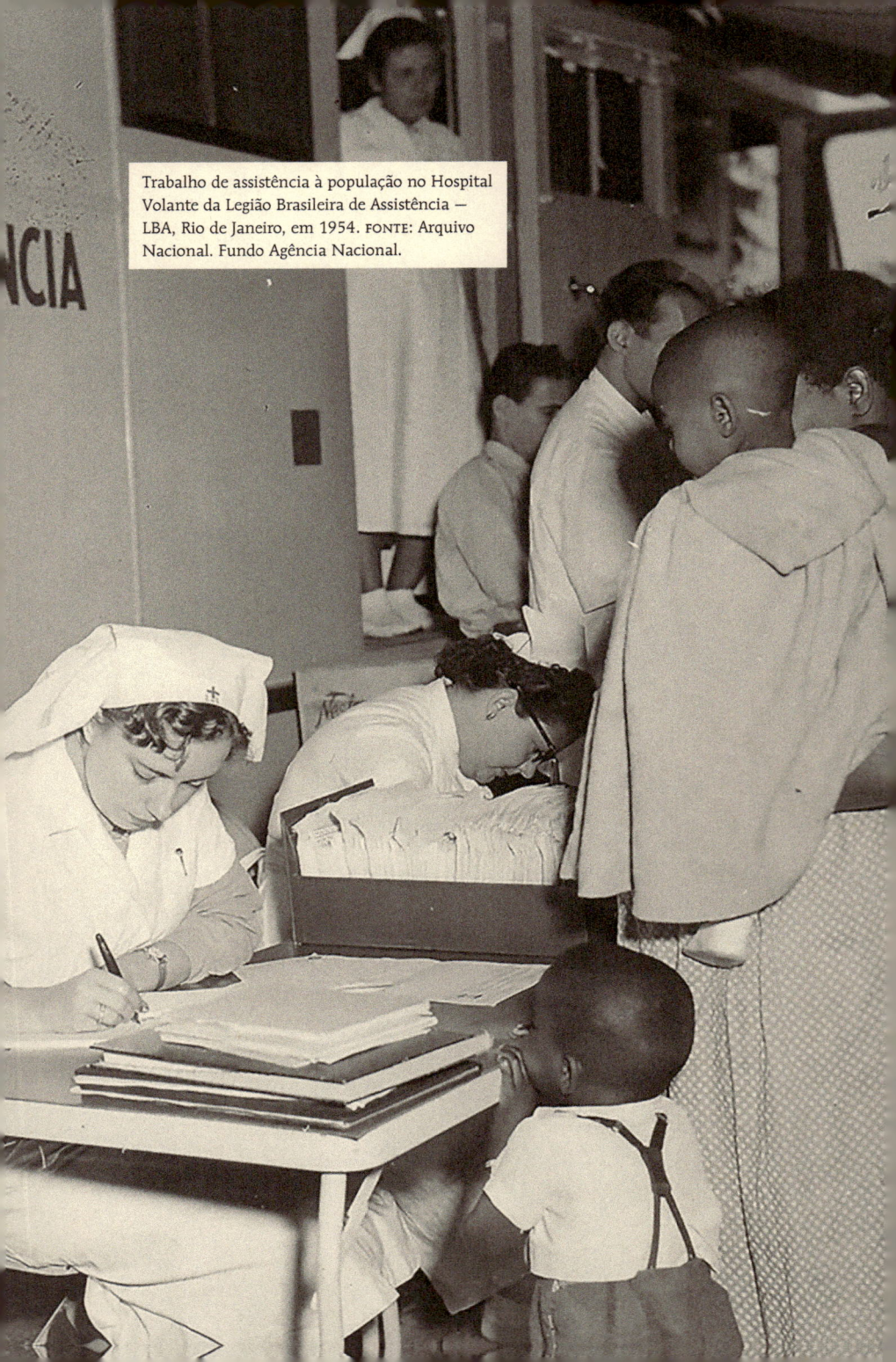

Trabalho de assistência à população no Hospital Volante da Legião Brasileira de Assistência — LBA, Rio de Janeiro, em 1954. FONTE: Arquivo Nacional. Fundo Agência Nacional.

"Não há falta d'água, o povo tem psicose."

Diagnóstico de um dos diretores do DAE — Departamento de Águas e Esgotos, do Distrito Federal, em declaração ao jornal: DN, 14 de janeiro de 1956, Segunda Seção, p. 1.

NO CAMPO DA SAÚDE PÚBLICA, o Rio de Janeiro se encontrava no meio do caminho entre a busca de solução para inúmeros problemas e a ineficiência das políticas adotadas para enfrentá-los. Na base de todas as grandes questões concernentes ao bem-estar geral da população, estavam o abastecimento d'água e o serviço de esgotos sanitários. Tanto para os bairros mais beneficiados pela infraestrutura urbana quanto para as áreas mais desassistidas, incluindo as favelas. Praticamente toda a cidade se ressentia da precária assistência dispensada a esses dois elementos que constituíam (e ainda constituem) o fundamento elementar da boa qualidade de vida nos centros urbanos modernos.

As maiores ameaças à saúde pública, portanto, partiam justamente das más condições sanitárias que predominavam na capital. A situação era tão grave que já colocava em risco, naquela época, a vida subaquática da Baía de Guanabara, um dos mais belos panoramas do mundo. O estado calamitoso do esgotamento sanitário local era tal que arrancou de Enaldo Cravo Peixoto, diretor do departamento responsável, na época, francas declarações de que seriam necessários pelo menos dez anos para atualizar o sistema de coleta de esgotos do Rio de Janeiro, e recuperá-lo de cerca de quarenta anos de atraso (JC, 06 e 07 de janeiro de 1958, p. 5).

Pelos cálculos apresentados nos jornais, apenas um terço do Rio de Janeiro tinha cobertura sanitária adequada, de acordo com os padrões vigentes. O restante da cidade não recebia da Prefeitura o atendimento mínimo de suas necessidades básicas. Entre as consequências mais desastrosas da falta de saneamento e do precário abastecimento d'água, estavam doenças, como a diarreia, que acometiam as crianças, sobretudo as de mais tenra idade, e constituíam a principal causa da mortalidade infantil. O Serviço Especial de Saúde Pública do Rio de Janeiro registrou, em dez anos, a morte de 23.174 crianças vitimadas por essa enfermidade na capital (JB, 31 de julho de 1957, p. 7).

De acordo com o noticiário, a principal medida clínica recomendada para o enfrentamento da diarreia infantil e suas consequências perversas era a implantação de serviços de reidratação na rede hospitalar, posto que a solução definitiva do mal só ocorreria mesmo com a mais ampla difusão de modernos sistemas de esgotamento sanitário e abastecimento d'água por toda a cidade. A se acreditar nas previsões dos próprios dirigentes desses serviços, isso ainda levaria muito tempo. Era provável que a população da metrópole ainda tivesse de conviver por anos a fio com essas condições deploráveis de saneamento básico, que predominavam em quase todos os bairros.

A criação da Sursan (Superintendência de Urbanização e Saneamento), em 1957, foi uma das mais evidentes demonstrações de que o poder público local estava ciente da gravidade do problema e pretendia atacá-lo. Um departamento especializado para cuidar da questão era um primeiro passo na direção de sua resolução. Uma das primeiras medidas tomadas pela Sursan foi a contratação do engenheiro norte-americano Erman A. Person, professor de engenharia sanitária na Califórnia e tido como a maior autoridade mundial em lançamentos submarinos de esgotos (DN, 1º de fevereiro de 1958, Segunda Seção, p. 1; JB, 04 de fevereiro de 1958, p. 11). Dos estudos realizados pela comissão técnica dirigida pelo professor Person resultariam alguns dos principais projetos destinados a resolver a situação tremendamente deficiente dos serviços sanitários da capital do Brasil.

Não surpreende que a precária infraestrutura local provocasse também a disseminação de doenças contagiosas de rápida propagação. Os surtos de tifo se tornaram comuns no Rio de Janeiro e afetavam, sobretudo, os subúrbios que mais se ressentiam da ausência de saneamento básico, e também as favelas (DN, 15 de novembro de 1957, Segunda Seção, p. 1). A vacinação era sempre rapidamente programada para conter os episódios mais radicais da enfermidade, mas ela se tornou intermitente, durante todo o período da construção de Brasília. Ao mesmo tempo em que vacinavam a população em risco, as autoridades de saúde pública da capital recomendavam a destruição das hortas caseiras (comuns nos subúrbios e nas favelas), consideradas como focos permanentes de reprodução da doença.[32]

> Cresceu para 19 a média diária de casos de tifo — Do dia 1º ao dia 24 do corrente mês, registrou o Departamento de Higiene da Prefeitura quatrocentos e cinquenta e oito casos de febre tifóide, sendo que 70% desse total são representados por doentes residentes na zona atingida, isto é, aquela onde não há rede de esgoto, especialmente Méier, Madureira e Penha. (JB, 26 de novembro de 1957, p. 7)
>
> Foco de tifo na Penha — 70% dos 2.445 casos registrados em 1958. (JB, 12 de dezembro de 1958, p. 12)

Nos levantamentos realizados pelas autoridades para avaliar a dimensão dos perigos relacionados às condições sanitárias prevalecentes na cidade, apontava-se a necessidade de um orçamento de 4 bilhões de cruzeiros (cerca de R$ 2,8 bilhões atuais) para providenciar o saneamento geral do Rio de Janeiro — que seria a

---

[32] Volta e meia, o tifo reaparece no Rio de Janeiro, embora em escala bem mais modesta. Não faz muito tempo que os jornais cariocas noticiaram a doença: "Alerta contra febre tifóide — A Secretaria Municipal de Saúde divulgou ontem um alerta para os médicos que atuam nas áreas próximas ao Vidigal: ficar atentos aos sintomas de febre tifóide, como febre, cansaço e dor de cabeça. Nos últimos dois meses, o município do Rio registrou quatro casos da doença: três deles em moradores do Vidigal. O outro paciente é morador do Leblon, mas frequenta o Vidigal" (O Dia, 15 de outubro de 2008, p. 18).

verdadeira e definitiva solução dos problemas (DN, 19 de novembro de 1957, Segunda Seção, p. 1). O caso da água apresentava as mesmas dimensões de gravidade e alto custo. Mesmo sendo considerada pelos especialistas, de um modo geral, como essencial à saúde pública, a água era escassa na capital e trazia severos inconvenientes para os seus habitantes:

> Apesar das chuvas, a Zona Sul nunca foi tão mal servida. Distribuição de água continua em dias alternados e por apenas duas ou três horas. (JB, 07 de julho de 1957, p. 15)

> Muitas obras são necessárias para melhorar o abastecimento de água na Zona Norte. (JB, 24 de julho de 1957, p. 9)

> Cidade precisa de bilhões para que haja mais água na torneira e menos enchentes. (JB, 21 de abril de 1960, p. 33)[33]

Questões relacionadas aos dois problemas — saneamento e água — recebiam grande atenção da imprensa carioca. Muito se discutia sobre as causas de tanto sofrimento e também muito se especulava sobre as prováveis soluções. Indagados acerca da constante falta d'água na capital, por exemplo, engenheiros da Prefeitura apontaram como determinantes daquela circunstância o aumento considerável da população local, sobretudo, nos bairros oceânicos; a ocorrência de um número maior de vazamentos, devido à incidência de tráfego pesado de veículos e à pressão sobre os encanamentos; e a redução do volume da água distribuída durante os períodos de estiagem, nas adutoras e nos mananciais que abasteciam a cidade (JB, 04 de junho de 1957, p. 11).

---

[33] Muitos cariocas ainda se lembram com viva emoção das dificuldades cotidianas relacionadas ao abastecimento (ir)regular de água em sua casa. Correrias e baldes sempre cheios e espalhados por todos os cantos fizeram parte do cotidiano das famílias, por muitos anos.

Por conta dessa permanente escassez, os jornais cariocas martelavam de modo incansável o assunto. Praticamente todos os dias apresentavam notícias acerca do andamento das soluções propostas pelas autoridades. Tendiam a alardear não apenas a insuficiência do abastecimento d'água para os próprios habitantes da capital, como ainda questionavam a capacidade de o Rio de Janeiro se tornar um destino turístico apreciável, sem dispor de água abundante para os visitantes. Na ausência do aparelhamento adequado do sistema de águas e esgotos da cidade, nada poderia ser feito para promover o aumento das atividades relacionadas a lazer e entretenimento, geralmente voltadas para um público mais exigente e sofisticado, em especial se formado por estrangeiros vindos da Europa e dos Estados Unidos.

Nos boletins diários publicados religiosamente nos jornais, ficava-se sabendo se estava ou não normalizado o provimento de água nesse ou naquele bairro, na zona da Leopoldina, nos subúrbios da Central; racionava-se a distribuição a fim de garantir um mínimo de fornecimento à maior parte da metrópole, tendo em vista o déficit estimado da ordem de 100 milhões de litros de água por dia (JB, 31 de agosto e 1º de setembro de 1957, 1ª página). Embora houvesse grande inquietação por causa da secura das torneiras, e ainda que as autoridades parecessem se empenhar na busca de melhores soluções, o fato é que o problema era bastante incômodo e inspirava comentários sarcásticos:

> A pior seca do Brasil: Copacabana — Acho que em breve teremos que pedir a inclusão de Copacabana no Polígono das Secas — declarou ontem, da tribuna da Câmara, o Deputado Ari Pitombo, ao focalizar a situação daquele populoso bairro carioca que, há dias, se encontra sem uma única gota d'água. (DC, 24 de fevereiro de 1956, p. 4)

Cidade litorânea e constantemente atingida por chuvas torrenciais, o Rio de Janeiro padeceu de permanente escassez de água potável para consumo de sua numerosa população durante os anos da construção de Brasília (e mesmo depois). Tal paradoxo sempre levantou inúmeras questões: de um lado, água abundante no meio natural; de outro, seca intolerável no meio social. Foi justamente nesse período aqui abordado que a cidade viveu um dos seus períodos de secura mais críticos, pois experimentava um crescimento populacional extraordinário que não era acompanhado do aumento correspondente da oferta dos serviços essenciais. Tais circunstâncias, no entanto, não se apresentaram unicamente naquele momento histórico, tendo sido já registradas em etapas ainda mais remotas, revelando sua perpetuação descabida:

> Tiradentes e seus planos de água e armazéns — Continua na ordem do dia a questão da água e da armazenagem no Rio de Janeiro. Pois convém lembrar que, pouco antes de 1789, quando foi preso nesta Capital, já o Tiradentes se preocupava com a solução desses problemas. Elaborou um plano para captação dos rios Andaraí e Maracanã e construção de armazéns na Gamboa, bem como a montagem de moinhos no Catete e em Laranjeiras, com o aproveitamento dos riachos ali existentes.
>
> Queria o herói da Inconfidência de Minas Gerais abastecer d'água e de víveres os sacrificados habitantes da sede do então Vice-Reinado do Brasil, facilitando ainda ao povo a moagem do trigo, do milho e da mandioca. As autoridades, já na época manobradas pelos açambarcadores do abastecimento, negaram aprovação aos projetos de Tiradentes, sob a simples alegação de que eram inconvenientes. (DC, 10 de julho de 1956, p. 4)

A venda de água nos carros-pipas certamente andou de vento em popa no Rio dos anos 1950. Somente aqueles moradores que podiam pagar (caro) pela água trazida em caminhões particulares não ficavam à mercê do fornecimento público (ir)regular e dispunham de condições de higiene um pouco melhores em suas habitações. Embora as autoridades diagnosticassem adequadamente as deficiências do sistema local de águas e esgotos, o real enfrentamento do problema tendia a ficar atrasado em relação às urgentes necessidades de uma população em constante crescimento. Em função desse quadro, o alarme da imprensa não tardava em se apresentar:

> Em mau estado cerca de cem quilômetros da rede de água. Tubulações com mais de quarenta anos de uso. (DN, 09 de abril de 1957, Segunda Seção, p. 1)
>
> Falta de água ameaça de colapso todo o Hospital dos Comerciários. (DN, 02 de maio de 1958, Segunda Seção, p. 1)

Muito embora a falta d'água comprometesse de modo fundamental as condições de higiene da população, outros elementos, de solução mais rápida, também afetavam a qualidade de vida dos cariocas. No curso do período histórico aqui tratado, os jornais fizeram diversas campanhas contra o desrespeito às normas de saúde pública nos estabelecimentos comerciais que negociavam com alimentos. A Secretaria de Saúde do Distrito Federal respondeu com o envio às ruas dos Comandos Sanitários, encarregados de fiscalizar rigorosamente lojas e demais locais responsáveis pela comercialização de comida e outros bens alimentícios. Inúmeras *blitz* foram realizadas, por exemplo, nos açougues da cidade, muitos dos quais foram autuados pelas más condições de higiene exibidas (DN, 09 de setembro de 1958, Segunda Seção, p. 1).

Bares, lanchonetes, restaurantes, hotéis e até feiras livres foram vistoriados pelos Comandos Sanitários da Prefeitura, com vistas à higienização do comércio alimentício do Rio de Janeiro. Embora os rigores da fiscalização tendessem a inibir a incidência desses riscos diários, nos estabelecimentos sujeitos à visita dos fiscais, a venda de alimentos prontos para consumo imediato nas ruas da cidade era um hábito secular que os órgãos oficiais tentavam em vão coibir. Os camelôs pareciam escapar com enorme facilidade do cerco das autoridades. E continuavam a agir em diversos pontos da cidade, vendendo comidas, frutas, doces, a preços módicos e sem nenhum controle sanitário. Nas feiras livres, por outro lado, muitos barraqueiros ousavam colocar à venda gêneros de qualidade inferior ou mesmo deteriorados (DC, 14 de janeiro de 1956, p. 4).

O desrespeito às normas elementares de saúde pública alcançou também os hospitais e as casas de saúde. Denúncias e queixas quanto a isso motivaram a determinação do Ministério da Saúde, para que os diretores de todas as suas unidades e departamentos providenciassem inspeções rigorosas nos estabelecimentos públicos que prestavam serviços de saúde à população. Ao já proverbial desrespeito aos direitos dos mais pobres, juntou-se a crueldade contra os doentes mentais, evidenciada no relato a seguir, que resultou da visita dos responsáveis pelo serviço de psiquiatria da capital a um dos seus sanatórios mais conhecidos. A narrativa é de assustar:

> Comida de porco aos loucos em Jacarepaguá — Carne de aspecto repulsivo e papas de farinha com água de feijão era o menu de ontem preparado para os doentes da Colônia Juliano Moreira — o que foi pessoalmente verificado pelo diretor substituto do Serviço Nacional de Doenças Mentais, Dr. Rodrigo Ulisses de Carvalho. Em conseqüência, foi multada em Cr$ 80.000,00 (cerca de R$ 63 mil atuais) a firma Picaretas Reunidos e Cia. Ltda., que fornece as rações preparadas para os doentes do Hospital Colônia Juliano Moreira, do mesmo passo que se remetiam para o Laboratório Bromatológico amostras do material apreendido, a fim de iniciar processo que se desenvolverá em vários setores. (DC, 1º de julho de 1956, p. 1)

No curso dessas medidas, o presidente JK enviou ao Congresso Nacional um projeto de lei visando à criação do Serviço Nacional de Engenharia Sanitária, órgão a ser subordinado ao Ministério da Saúde, com atribuição específica de vigilância sobre as condições gerais da saúde pública no Brasil, em seus amplos aspectos (DC, 18 de julho de 1956, p. 2). Assim como nesse expediente de extrema utilidade, outras medidas de amplo alcance social foram sendo tomadas e sugeridas em benefício da saúde da população. Entre elas, destacou-se a obrigatoriedade de fluorar a água distribuída aos cariocas, proposta pelo vereador Paulo Areal, com o intuito de prevenir as cáries (JB, 28 de abril de 1957, p. 9). E também a implantação do primeiro serviço especializado de atendimento aos diabéticos, no Hospital Moncorvo Filho, no centro da capital. Nessa mesma unidade hospitalar, que também servia de escola para os estudantes de medicina da Universidade do Brasil (futura Universidade Federal do Rio de Janeiro), seria fundado um pavilhão para diabéticos composto de vinte leitos, cozinha dietética, sala para pequenas cirurgias, dois laboratórios, um dormitório para médicos e um salão para aulas e conferências (DN, 02 de outubro de 1958, Segunda Seção, p. 1).

Medidas de profilaxia já eram reconhecidas, em diversas especialidades, como a melhor prática médica. Evitar doenças que pudessem ser controladas por meio de vacinação, boa alimentação, cuidados higiênicos, saneamento básico e redução dos excessos já era uma ambição da medicina da época. Contudo, faltavam médicos no país. O próprio presidente JK manifestou preocupação com a questão da carência desses profissionais em grande parte dos municípios brasileiros, e propôs um plano federal destinado a dotar todas as esferas municipais de médicos próprios (CM, 04 de julho de 1956, p. 7). A falta de assistência médica que afetava milhares de pessoas em todo o Brasil refletia as desigualdades regionais tão marcantes em sua longa evolução:

(...) dados de três anos atrás extraídos de informe do Serviço de Estatística do Ministério da Educação diziam simplesmente isso: dos 22.561 médicos militantes no Brasil, 6.113 residiam no Rio de Janeiro e 3.217 em São Paulo, com forte concentração, havendo em contraste 457 municípios brasileiros que não tinham um médico sequer.

(...) Quando Cabral aportou no Brasil, os brasileiros tinham tanta assistência médica quanto têm centenas de milhares dos seus descendentes quatro séculos e meio depois. O que prova que o Rio de Janeiro, São Paulo e outras capitais situadas à beira do Atlântico ou nas suas proximidades são suntuosas fachadas de casas que nos dormitórios, nas cozinhas e nos quintais não evoluíram grande coisa depois do descobrimento e permanecem mais ou menos como nos tempos de Tibiriçá, Araribóia e Caramuru. (Coluna de Rubens Amaral, DN, 03 de abril de 1957, p. 4)

Exageros e ironias à parte, o abandono de vastas regiões brasileiras era mesmo evidente. (O projeto de construção de Brasília, em grande medida, visava corrigir justamente essas distorções.) O acesso de expressivos contingentes populacionais aos cuidados básicos de saúde era uma aspiração remota, e não apenas no interior mais distante. Na própria capital, nas favelas e nos bairros mais pobres, a rede hospitalar e os centros de saúde eram escassos. Isso se refletia, principalmente, na persistência de incontáveis enfermidades já tratáveis pelos padrões modernos da medicina. Segundo o noticiário, a hanseníase, por exemplo, inspirava cuidados excepcionais das autoridades responsáveis pela saúde pública:

> PDF tomará medidas anti-lepra: Medidas visando um controle mais eficiente do "mal de Hansen", no Distrito Federal, vão ser postas em execução pelo Serviço de Lepra da Prefeitura, uma vez que a incidência dessa enfermidade vem aumentando nesta cidade, nos últimos anos, e,

pelos cálculos dos epidemiologistas, um caso lepromatoso não cuidado no início contagia, em média, cinco pessoas sadias. (DC, 18 de julho de 1956, p. 2)

Assim como a hanseníase, a tuberculose também aumentava sua incidência na população da capital, motivando medidas sérias de controle e cura. Em virtude do crescente número de pessoas portadoras de moléstias contagiosas atendidas nos hospitais e distritos sanitários da cidade, o prefeito do Distrito Federal tornou obrigatória a carteira de saúde para todos os manipuladores de drogas e medicamentos, barbeiros, cabeleireiros, manicures e empregadas domésticas (cozinheiras, copeiras, arrumadeiras e babás). Nesse documento, de acordo com as notícias, deveriam constar exames radiográficos e imunização com validade de pelo menos seis meses. Além da exigência das carteiras de saúde para os profissionais especializados citados e da realização de vistorias periódicas nos estabelecimentos que comercializavam alimentos, as autoridades locais também fizeram um forte apelo aos empresários, donas de casa e mães, para que tivessem o cuidado necessário na hora de contratar os seus empregados:

> Leprosos e tuberculosos em elevado índice trabalham em promiscuidade em bares, cafés e restaurantes, e até em casas de família, cujos responsáveis nem sempre atentam para os perigos a que expõem os fregueses e os próprios familiares. (DN, 09 de janeiro de 1957, Segunda Seção, p. 1)

Os resultados provenientes das políticas de saúde pública eram razoáveis, apesar do longo tempo de maturação que demandavam. Dadas as condições gerais de baixo vigor físico, subnutrição e falta de cuidados básicos de boa parte da população, as autoridades precisavam enfrentar diversas frentes de problemas, cada qual a exigir formas próprias de solução. A profilaxia, embora amplamente reconhecida como a melhor política de saúde pública, era muito mais difícil de realizar, pois necessitava de amplos investimentos em infraestrutura e cuidados medicinais. Mesmo assim, havia avanços verdadeiramente exemplares:

> Tuberculose mata 82 pessoas a cada 100 mil habitantes. Ao entrar no seu 13º ano de existência, a Campanha Nacional contra a Tuberculose, do Ministério da Saúde, conseguiu baixar o índice de mortalidade da "peste branca" de 246 para 82 por 100.000 habitantes, nos grandes centros urbanos, em virtude de um plano de ação descentralizado, da existência de 24.000 leitos, de cerca de 80 dispensários e de uma rotina envolvendo diagnóstico, tratamento, educação sanitária, pré-munição pelo BCG e atuação das unidades móveis que, somente no ano passado, efetuaram 150.000 abreugrafias em hotéis, fábricas, escolas e favelas. (DN, 1º de julho de 1959, Segunda Seção, p. 1)

Outro foco permanente de riscos para a saúde pública era proporcionado pelos mosquitos, que abundavam na capital. A combinação entre matas exuberantes ao redor, enchentes periódicas e clima tropical se encarregava de fazer dos mosquitos uma das piores 'pragas' das terras cariocas. Embora a prefeitura reiterasse promessas e esforços para eliminá-los, ou combatê-los, os insetos demonstravam uma invejável resistência e constantemente atormentavam a população. Numa prática já tornada usual, os habitantes da cidade costumavam apelar aos jornais para veicular suas queixas, exasperados diante da ineficácia das medidas adotadas pelas autoridades competentes. Sem discriminar bairros e localidades, os mosquitos se alastravam num amplo raio de ação que fazia da cidade um imenso criadouro de muriçocas, pernilongos e que tais:

> Nuvens de mosquitos no Grajaú. Apelo dos moradores à Saúde Pública. (DN, 17 de março de 1956, Segunda Seção, p. 2)
>
> Mosquitos no Leblon — Moradores do bairro do Leblon, principalmente nas adjacências da Lagoa Rodrigo de Freitas, queixam-se insistentemente a esta redação contra os mosquitos que os vêm atormentando ultimamente, sem que tenha o Serviço Nacional de Febre Amarela tomado qualquer providência. (DN, 04 de julho de 1956, Segunda Seção, p. 1)
>
> Vai a Prefeitura iniciar o combate aos mosquitos — A partir de amanhã, em toda a cidade (...) providências para o combate aos mosquitos, que vêm proliferando assustadoramente no Distrito Federal. Segundo o Prefeito, há necessidade de incluir nessa campanha o extermínio dos ratos e baratas que infestam o DF. (DN, 17 de janeiro de 1957, p. 2)
>
> O Departamento de Endemias Rurais do Ministério da Saúde vai iniciar campanha para eliminar os mosquitos em toda a cidade. (DN, 29 de maio de 1958, Segunda Seção, p. 1)

Para as crianças, na época, a poliomielite ou paralisia infantil era outra grande ameaça. Surtos epidêmicos da doença periodicamente atacavam o Rio de Janeiro, levando à realização de programas maciços de vacinação. Como não existe tratamento para a doença, a única forma eficaz de combatê-la é mesmo a prevenção. A contínua implantação de campanhas desse tipo demonstraria ser a solução mais adequada e de mais amplo alcance para garantir a saúde da população infantil. Nesse quesito, nas décadas seguintes, o Brasil conseguiu dar um bom exemplo de eficiência das políticas públicas voltadas para o bem-estar de seus habitantes. As vacinas tornadas obrigatórias desde o nascimento dos bebês, e não apenas aplicadas durante os episódios de surto, foram fundamentais para garantir à infância um desenvolvimento seguro e firme.

> Alastrou-se a poliomielite na primeira semana de 1958. Vacinação das crianças de 6 meses a 6 anos de idade. Esperada nova remessa de SALK. (DN, 08 de janeiro de 1948, Segunda Seção, p. 1)
>
> Alastra-se na cidade a paralisia infantil. Afluência em massa aos postos de vacinação. Casos nos subúrbios e em Santa Teresa. (DN, 08 de novembro de 1958, Segunda Seção, p. 1)

No ano de 1957, ainda, uma forte epidemia de gripe asiática veio contribuir para o agravamento das condições de saúde da população carioca. Pelos registros disponíveis, em setembro daquele ano, mais de 13 mil moradores da cidade já tinham sido atingidos pela doença, que se alastrava com imensa facilidade. Em outubro, a conta havia chegado a um milhão de habitantes contaminados, segundo os cálculos do secretário de Saúde do município, Dr. Darci Monteiro (JB, 06 de outubro de 1957, p. 9). Embora de contágio excessivamente rápido, a letalidade da doença não foi das maiores, deixando, segundo os dados oficiais, um total de quase trezentos óbitos (DN, 13 de outubro de 1957, Segunda Seção, p. 1). Episódios como esse, de maior ou menor gravidade, fizeram e fariam parte indissociável da história da cidade.

Pelos relatos da imprensa, havia também um grande empenho, por parte dos profissionais da saúde, em acompanhar o avanço dos conhecimentos no mundo inteiro. Como demonstrou o noticiário local, diversos representantes brasileiros costumavam frequentar os principais congressos da área médica, realizados em vários países, ao mesmo tempo em que também se organizavam certames aqui no Brasil para receber os especialistas estrangeiros e difundir as inovações e descobertas mais recentes. Alguns faziam isso por conta própria, outros se engajavam em projetos mais ousados e realizavam grandes eventos, assim como enviavam grupos aos principais encontros de sua especialidade, como ocorreu no VIII

Congresso Internacional de Pediatria, sediado em Copenhague, ao qual compareceram três delegações brasileiras (DN, 1º e 02 de julho de 1956, Quarta Seção, p. 1). A busca de atualização e aperfeiçoamento dos profissionais de saúde brasileiros é, sem dúvida, uma prática digna de nota.[34]

> Nervosos — Dr. Argollo participa aos seus clientes e amigos que, tendo regressado de sua 5ª viagem de estudos ao estrangeiro, reabriu a sua Clínica de Nervosos, atendendo diariamente das 8 às 12 e das 15 às 18 horas, na rua Evaristo da Veiga 16 aptº 501. Cinelândia, Rio. Tel. 42.1127. (CM, 05 de abril de 1956, p. 10)

> IV Congresso de Neurologia, Psiquiatria e Higiene Mental — Recife, 5 a 9 de fevereiro de 1956. Presença do Dr. Pierre Deniker, médico-chefe dos hospitais psiquiátricos franceses e professor da Faculdade de Medicina de Paris. Após sua participação no congresso, fará palestras e conferências no Rio de Janeiro e em São Paulo, sobre temas da sua especialidade. (DN, 02 de fevereiro de 1956, Segunda Seção, p. 1)

A segurança alimentar, no entanto, era a maior expressão de saúde pública. No Dia Mundial da Saúde, em 1957, a Organização Mundial de Saúde (OMS) lançou uma campanha para tornar a alimentação uma condição essencial ao bem-estar humano. É inacreditável que se precisasse lembrar às pessoas que, sem comer, nenhum ser vivo consegue subsistir. A campanha, porém, ia muito além disso e procurava despertar a consciência dos homens para o fato de que uma alimentação equilibrada e nutritiva era mesmo

---

[34] Há uma grande profusão de informações desse tipo nos jornais consultados. As notícias sobre a prática médica, em geral, pareciam desfrutar de significativa relevância. Não foram citados aqui todos os dados apresentados, a fim de evitar uma repetição exaustiva desnecessária.

essencial ao desenvolvimento dos povos. Conforme o destaque da imprensa, segundo o Dr. Jean Mayer, da Escola de Saúde Pública de Harvard, havia um terrível paradoxo na distribuição dos direitos aos alimentos em escala mundial. Em sua opinião, era fundamental corrigir tais distorções, a fim de promover uma repartição mais equitativa e justa dos recursos alimentares existentes no mundo. Para isso, as políticas públicas seriam elementos verdadeiramente essenciais: "Uma parte do mundo sofre fome, enquanto outra se mata de comer" (DN, 07 de abril de 1957, Quinta Seção, p. 3).

O impacto dessa proposta da OMS não demorou a ser sentido nos vários países. Houve grande mobilização em torno da questão da fome e da segurança alimentar, e o Brasil não ficou de fora do debate. Naquele mesmo ano, em evento realizado na Guatemala, foi amplamente discutida a problemática da subnutrição na América Latina, um dos continentes mais afetados pela pobreza e pela fome no mundo. Apesar de ser uma região bem dotada de fartos recursos naturais e terras férteis, grande parte dos seus habitantes sofria dos males da desnutrição e do baixo desenvolvimento físico, exigindo das autoridades competentes programas destinados a solucionar o problema.

> Toda a América Latina é subnutrida: conclui Conferência de Nutrólogos — Delegados de todos os países latino-americanos que estiveram reunidos na IV Conferência sobre os Problemas da Nutrição na América Latina, realizada de 23 de setembro a 1º de outubro, na Guatemala, constataram ser bastante grave o problema da subnutrição em todo o continente. (JB, 20 de outubro de 1957, p. 8)

No ano seguinte, como reflexo da importância que a questão adquirira entre os especialistas, instalou-se, no auditório do Ministério da Educação, no Rio de Janeiro, o I Congresso Brasileiro de Nutricionistas, promovido pela Associação Brasileira de Nutricionistas (JB, 17 de julho de 1958, p. 7). Cada vez mais revestida de cunho científico, a alimentação humana passava a ser tratada como objeto de políticas públicas e médicas, devendo ser gerida de modo integrado pelos vários poderes. Uma das principais recomendações desse encontro era voltada para a saúde alimentar das gestantes, considerada essencial ao bom desenvolvimento dos bebês. Os cuidados com a primeira infância também foram bastante ressaltados pelos profissionais da área, tendo em vista a sua capacidade de prevenir doenças e garantir um crescimento sadio e vigoroso.

Nessa mesma época, o agravamento das condições climáticas nordestinas, com o severo prolongamento dos períodos de estiagem, cada vez maiores e mais duradouros, ajudou a perpetuar o drama das populações famintas do Nordeste brasileiro. A imprensa deu grande repercussão ao flagelo da seca e às migrações por ele provocadas. A figura do retirante sofrido e marcado pela dor passou a fazer parte indissociável do retrato que o Brasil fazia de si mesmo, ao longo dos anos 1950. Cientes disso, lideranças importantes do cenário político e intelectual brasileiro se reuniram no auditório do Ministério da Educação, no Rio de Janeiro, sede da República, para realizar a solenidade de posse do Comitê Diretor da Associação Brasileira de Luta contra a Fome. Entre seus membros, figuras ilustres como Mário Meneghetti, Nereu Ramos, Maurício de Medeiros, Clóvis Salgado, Ulisses Guimarães, Mário Pinotti, Dom Hélder Câmara, Oswaldo Aranha e Josué de Castro (DN, 03 de setembro de 1957, Segunda Seção, p. 1).

Lutar contra a fome era a melhor forma de tratar da saúde pública. Foi exatamente isso que os especialistas de diversas áreas demonstraram. Colocar o tema na ordem do dia foi fundamental para começar a enfrentá-lo. Populações famintas, ao que se sabe, não existiam apenas nas regiões atingidas pela terrível estiagem do sertão. Elas estavam em toda parte, nos vários continentes. Mesmo no Rio de Janeiro, capital do Brasil, não era difícil encontrar famílias tão desamparadas a ponto de viverem desnutridas. Considerar o combate à fome como política de Estado e de governo foi um passo extraordinário na direção da superação do subdesenvolvimento. O tempo se encarregou de mostrar a sua inegável importância.

— Dimensões culturais e entretenimento

Cinelândia nos anos 50.
FOTO: Hans Mann.

CAPITAL DO BRASIL, o Rio de Janeiro sempre se beneficiou de sua centralidade como polo cultural e artístico. Desde a vinda da família real portuguesa, em 1808, a cidade passou a receber investimentos públicos diretos em instituições e demais órgãos destinados à promoção cultural, alternando fases de maior ou menor intensidade desses movimentos. Na década de 1950, inúmeras atividades culturais e artísticas floresciam na cidade, conferindo-lhe o lugar de metrópole mais importante no cenário das artes nacionais e palco privilegiado de apresentação dos grandes nomes brasileiros e internacionais. Lançando modas, fixando modismos, criando estilos, difundindo gostos, padronizando gírias e vocabulários, o Rio se estabeleceu como principal eixo das inovações relacionadas ao panorama da cultura no Brasil.

Embora fosse vanguardista em diversos aspectos, a metrópole carioca também expressava as contradições, já comentadas anteriormente, de um moralismo acanhado e mesquinho, bastante alimentado por algumas parcelas da elite local. Não era só em relação ao carnaval e às outras manifestações populares que esse preconceito se agigantava. No caso do cinema, uma arte que se encontrava em plena ebulição naquela época, os julgamentos tacanhos ganharam amplo espaço e ergueram poderosos obstáculos à livre exibição das películas. Pelo menos dois casos relevantes foram registrados pela imprensa do período e agitaram os meios artísticos e culturais da cidade: o primeiro foi o filme "Rio 40 graus", de Nelson Pereira dos Santos; o segundo foi a obra "Os Amantes", de Louis Malle, protagonizada por Jeanne Moreau.

O filme de Nelson Pereira dos Santos, que depois ganharia fama internacional e ajudaria a abrir uma nova fase de crescimento do cinema nacional, foi terminantemente proibido pela Chefia de Polícia do Distrito Federal. Segundo o anedotário divulgado pela imprensa, os argumentos defendidos pelos censores apontavam que a fita propagava inverdades, entre as quais se destacava o fato de que o calor do Rio de Janeiro jamais chegou a ultrapassar os

39,6 graus! Ou seja, o Rio jamais chegara a ser de 40 graus! E essa era uma justificativa que a censura evocava para proibir o filme. A interdição determinada pela polícia despertou reações acaloradas entre intelectuais e estudantes, que se mobilizaram para suspendê-la. No último dia do ano de 1955, o filme foi finalmente liberado para exibição: "Rio 40 graus ganhou mandado de segurança. A liberação do filme nacional Rio 40 graus foi ontem concedida, liminarmente, pelo juiz Aguiar Dias, da 1ª Vara da Fazenda Pública" (DC, 1º de janeiro de 1956, p. 2).

Em relação ao filme "Os Amantes", o que os jornais noticiaram foi o movimento de grupos católicos interessados na proibição do filme, tendo em vista a forma mais do que "despudorada" com que o adultério era ali retratado. A personagem representada por Jeanne Moreau, uma dona de casa do interior que abandona a vida pacata que tem junto ao marido, ao filho e ao amante, por causa da paixão arrebatadora que passa a sentir por outro homem, era uma protagonista excessivamente libertária para os padrões morais que prevaleciam em amplos segmentos da sociedade local. Por isso mesmo, a reação contrária à divulgação do filme foi imediata e firme: "Querem censura para o filme 'Os Amantes'. Através de manifesto que foi ontem divulgado, grupo de personalidades católicas reprova exibição da película 'Os Amantes' sem a censura das cenas que consideram degradantes" (DN, 07 de novembro de 1959, p. 2).

Embora a censura tendesse a incidir mais prontamente sobre temas eróticos e sexuais, o fato é que as tentativas de controle sobre a veiculação de ideias e proposições não se limitavam a essa temática prevalecente. Apesar do mais amplo predomínio da produção de Hollywood nas telas de cinema brasileiras, ou talvez por causa disso, cineastas e filmes que não se coadunavam com certas concepções de cunho político e ideológico dominantes também não eram bem-vindos. Isso já ficara bastante claro no episódio da proibição de "Rio 40 graus", e voltaria a ser demonstrado com a suspensão da exibição de uma fita de famoso diretor soviético no circuito dos cineclubes cariocas:

> Protestam os cineclubes do Rio — A Federação dos Cineclubes do Rio de Janeiro, por intermédio de sua Diretoria, está protestando contra a decisão do Presidente do Clube de Engenharia que proibiu, no dia 29 último, a realização da projeção de filme do cineasta Eisenstein, no Salão do Clube, classificando-o como filme de propaganda esquerdista. (JB, 1º de janeiro de 1959, p. 12)

Esses três exemplos, acima de tudo ilustrativos, permitem uma breve reflexão sobre o panorama cultural que caracterizava o Rio de Janeiro no período da construção de Brasília. Não havia apenas ânsia de liberdade e vocação para o prazer, como sempre se quis apregoar. Amplos setores da sociedade local não pareciam se sentir nem um pouco confortáveis diante das mudanças dos padrões morais e culturais que se aceleravam na época, e manifestavam sua inquietação e sua insatisfação com relativa frequência. Entre os inúmeros aspectos que concerniam aos modelos vigentes de regras e comportamentos sociais, um dos que mais suscitava debates era justamente o da condição feminina. Ao longo da década de 1950, significativas transformações da posição da mulher na sociedade começaram a ser cogitadas, levantando polêmicas e despertando discussões acaloradas.

Em pleno Rio de Janeiro, a submissão da mulher ainda era um tema cercado de tabus e preconceitos. Embora o clima geral fosse ainda muito hostil, em todo o Brasil, o fato é que, aos poucos, e com muita determinação e perseverança de suas principais lideranças, os grandes problemas da emancipação feminina foram sendo paulatinamente introduzidos no debate nacional. Nesse caso, a posição da capital era fundamental para expandir as mudanças, tendo em vista a sua já tradicional condição de cidade-modelo, capaz de difundir e propagar inovações comportamentais, legitimando-as e ajudando a incorporá-las com maior facilidade. Embora espinhoso e atribulado, o tema da emancipação feminina ganhou terreno de modo progressivo na cultura brasileira, de tal forma que jamais deixou de ser tratado em todas as circunstâncias favoráveis:

> As mulheres brasileiras vão lutar contra o Código Civil. Não querem continuar sendo mandadas pelos maridos até mesmo depois de mortos — Entidades femininas do país estão mobilizadas para levar ao plenário do Senado o chamado "projeto de emancipação da mulher", de autoria do senador Mozart Lago. (JB, 08 de agosto de 1957, p. 7)

Em primeiro lugar, vinha o divórcio. Como bandeira de luta, a causa divorcista adquiriu papel protagonista. O estado civil era condição essencial da liberdade da mulher, posto que a legislação previsse inúmeras proibições às mulheres casadas, e mais ainda às mulheres separadas ou desquitadas (liberdade para trabalhar, abrir um negócio, administrar conta bancária). Mesmo no noticiário dos jornais, o enfoque tendia a expressar certa carga de preconceito quanto à posição da mulher como "pilar de sustentação da família"; ao tratar do número de desenlaces matrimoniais ocorridos no ano, por exemplo, a imprensa se referia aos "desajustamentos conjugais", criando algum alarde quanto à elevação da quantidade de separações encaminhadas à justiça: em 1956, teriam ocorrido na capital 2.385 desquites; em 1957, esse número havia subido para 2.443, o que levantava preocupações (JB, 04 de fevereiro de 1958, p. 9).

Embora muitos defendessem abertamente a separação conjugal como solução mais saudável para os desentendimentos irremediáveis entre casais, permitindo assim a recomposição das famílias e dos lares em novas bases harmoniosas e pacíficas, outros argumentavam que o término dos casamentos traria, necessariamente, resultados desastrosos para os filhos. Não ficava muito claro, nessa argumentação, se seria melhor para esses mesmos filhos que os seus pais continuassem juntos, se odiando e criando dentro de casa um ambiente tenso de desamor e frustração. Havia casos em que os filhos de pais separados eram irremediavelmente associados a um destino trágico:

> Divórcio ocasiona dramas dolorosos aos adolescentes. Opina a educadora e vereadora Sandra Cavalcanti: "O índice de delinqüência juvenil e desvios de comportamento, assim como de indiferença diante dos valores reais da vida, é a prova de quanto o divórcio é antinatural". (JB, 06 de abril de 1957, p. 9)

Driblando os impedimentos legais, porém, e favorecendo a ampliação das escolhas pessoais, advogados e firmas especializadas ofereciam os seus serviços para providenciar divórcios no exterior e facilitar a vida dos casais brasileiros (abonados) que desejassem desfazer e refazer as suas uniões conjugais. Bastava providenciar a documentação necessária, viajar ao estrangeiro (havia determinados países que permitiam essas operações legais) e lá promover, primeiro, o divórcio e, em seguida, realizar o novo casamento. É claro que os altos custos de uma operação desse tipo tendiam a limitar o acesso da população a esses serviços. O fato, no entanto, é que, apesar de todas as limitações presentes na jurisprudência brasileira, o divórcio era mesmo uma ferramenta ao alcance das mãos mais abastadas:

> Divórcio — Do estrangeiro e novo casamento no exterior. Rapidez e eficiência. Informações grátis. Av. Rio Branco 277 s/ 703. Tel. 42.1151. (CM, 10 de abril de 1956, p. 13)

> Divórcio — 30 dias novo casamento no exterior. Garantia de seriedade. Consulta grátis. Av. Erasmo Braga 227 - salas 713-4. Tel. 42.9240. (DC, 13 de janeiro de 1957, p. 7)

Anúncios desse tipo proliferavam nos jornais da época. Pela sua constância e continuidade, é de se esperar que surtissem algum efeito, isto é, que conquistassem clientes para o seu negócio. Embora a reprovação a essa prática pudesse ser percebida de inúmeras formas no noticiário da imprensa, a verdade é que muitos casais que se desfaziam e se refaziam utilizaram esse artifício. Na maior parte dos casos, contudo, o que parece ter prevalecido mesmo é a separação conjugal sem direito a um novo casamento, de acordo com a legislação em vigor no Brasil. Nesse modelo, a parte mais prejudicada era a mulher, cuja condição social passava a sofrer inúmeras restrições.

No curso dessas transformações, é curioso notar que a imprensa noticiou com toda a pompa um dos mais célebres casamentos da época: as núpcias de Grace Kelly com o Príncipe Rainier, de Mônaco. Tratava-se, sem dúvida, de uma exaltação óbvia do casamento como desfecho desejado para toda "história de amor bem-sucedida". Como um verdadeiro final feliz de conto de fadas, o evento foi marcado pela mais ampla publicidade, no mundo inteiro, merecendo registros completos de todos os detalhes e da exuberância que sempre caracterizou a beleza da noiva. O roteiro do filme do matrimônio que fez da atriz norte-americana uma princesa de verdade prometia mostrar todos os pormenores importantes da festa, e fazia a sua inscrição no rol dos principais instrumentos do culto às celebridades que marcaria boa parte do século XX:

> O bigode Shangai de Rainier. O cintilante vestido de Grace. A postura de Grace. O cãozinho Oliver da princesa. As amorosas trocas de olhares entre o príncipe e a princesa. As "demoiselles d'honeur". A princesa com seu diadema de brilhantes. Os festejos. As cerimônias civil e religiosa. A permuta dos anéis. E o embarque no iate real para a lua de mel! (DN, 03 de maio de 1956, Segunda Seção, p. 6)

De outra feita, os jornais reclamavam da queda significativa do número de enlaces matrimoniais nas comarcas do Distrito Federal, numa data já considerada certeira para a realização de núpcias, no mês de junho. Tomando por base uma das mais caras tradições da população carioca, quiçá brasileira — a de homenagear Santo Antônio, o famoso "santo casamenteiro" —, o noticiário estampava em tom dramático a provável "morte" desse costume. Na verdade, tratava-se de um balanço do declínio das uniões programadas para aquela ocasião: levando em conta todas as circunscrições do Registro Civil da Capital, apenas 25 casamentos seriam celebrados naquele dia 13 de junho de 1957, o que representaria, segundo a notícia, uma "tendência cada vez mais acentuada para o desaparecimento da tradição de Santo Antônio entre os noivos" (DN, 13 de junho de 1957, Segunda Seção, p. 1).

O exagero da matéria poderia expressar o apego dos jornais aos valores mais tradicionais da época. Não necessariamente a diminuição do número de bodas naquele ano seria uma demonstração do declínio do velho costume. Inúmeras variáveis podem ter contribuído para essa configuração. Uma certeza quanto a uma provável tendência só seria possível por meio da mensuração de vários anos em sequência. E isso não foi feito.

Tendo em vista essa mentalidade, a luta pelos direitos civis das mulheres era renhida. Embora a causa divorcista recebesse grande destaque na imprensa carioca, a emancipação feminina se articulava a vários outros aspectos dos direitos civis. Num tom que era em parte cerimonioso, em parte espirituoso, as notícias davam conta de uma verdadeira "rebelião das senhoras" em curso, que visava justamente à promoção de reformas no Código Civil, consideradas essenciais para dar maior amparo à mulher. Numa das justificativas em favor dessas mudanças, por exemplo, afirmava-se que as mulheres casadas não podiam praticar nem mesmo os atos mais simples da vida civil, como abrir uma conta em banco, e se encontravam sempre subordinadas ao arbítrio dos maridos (DN, 21 de agosto de 1957, Segunda Seção, p. 1).

Em outro momento, denunciava-se a existência de uma portaria que proibia o ingresso de mulheres no quadro de funcionários do Banco do Brasil, o que suscitou a formação de um movimento pela sua imediata e completa revogação (DN, 17 de junho de 1958, Segunda Seção, p. 1). O divórcio, porém, era instrumento jurídico elementar da independência da mulher, porque lhe conferia direitos até então vedados. Um deles era o de formar uma nova família, em bases regulares com a lei, rompendo uma condenação imposta pela legislação vigente que mantinha os desquitados em eterno celibato ou os obrigava a viver de "forma ilícita" em outra união (DN, 17 de junho de 1958, Segunda Seção, p. 1). Por isso mesmo, o movimento pelas liberdades civis das mulheres brasileiras atribuiu à liberdade de casar e separar uma importância assim tão grande.

Embora a aprovação definitiva desse direito elementar demorasse ainda muitos anos, a preparação do terreno realizada nesse período foi fundamental para o sucesso final das medidas. Bravos pioneiros se engajaram nessa luta difícil e demorada, e instalaram, em sessão solene, a Liga Brasileira Pró-Divórcio, com sede na Rua Primeiro de Março, no centro do Rio de Janeiro. Presidida por Leopoldo Braga (jurista e poeta) e criada por destemidos divorcistas cariocas, a instituição se destinaria a elaborar campanhas de esclarecimento e a trabalhar pela aprovação, no Congresso Nacional, das alterações necessárias no Código Civil para pôr em prática o divórcio no Brasil (DN, 07 de junho de 1958, p. 2). Uma luta árdua e extenuante, que demandaria muito esforço e perseverança para não se deixar abater.

Ao mesmo tempo, nos cadernos destinados a variedades, páginas tipicamente consideradas de 'interesse da mulher', os jornais cariocas reproduziam matérias e reportagens com enfoque marcado pela visão da mulher como dona de casa ou dondoca, voltada para os afazeres domésticos e para os cuidados com a própria beleza, pouco preocupada com essas questões mais amplas de sua emancipação.

As páginas dedicadas às mulheres, assim, tendiam a se concentrar nos temas da moda, da culinária, do bem receber e bem servir, da decoração e da elegância, em geral. Nessas colunas, não se registravam os problemas concernentes à condição feminina no Brasil. Eles acabavam sendo tratados em outras seções dos jornais, como se dois mundos paralelos coexistissem no âmbito de uma mesma situação:

> Verniz para unhas: desista de usar verniz se não tem tempo nem vontade para mudá-lo freqüentemente, a fim de que nunca se apresente estalado. Uma unha com verniz deve estar sempre impecável. ("O bom tom — de A a Z para moças", coluna de Lucienne Astruc, DN, 1º e 02 de janeiro de 1956, Suplemento Literário, p. 7)

> "Minha concepção da elegância feminina é: simplicidade e distinção durante o dia e suntuosidade à noite." (Declaração de Pierre Balmain em entrevista concedida em seu ateliê, em Paris. DN, 1º e 02 de janeiro de 1956, Suplemento Literário, p. 7)

> Elegância: Os vestidos bicolores estão em grande moda. As saias de renda, bastante fartas, estão também em moda para a noite, acompanhadas de blusas acetinadas do mesmo tom da renda e do forro desta. Geralmente, a cintura exibe enfeite de flores coloridas. (Coluna "Senhoras e Senhoritas", DN, 03 e 04 de junho de 1956, Segunda Seção, p. 3)

Os conselhos e pareceres eram os mais variados e abrangiam todos os aspectos do que se considerava, segundo esse ponto de vista, o 'mundo da mulher'. Mantidas ainda numa condição de relativa inferioridade social, as mulheres eram alvo de toda uma propaganda voltada à sua adequação ao papel para o qual tinham sido destinadas. Disfarçada sob o manto da (útil) disseminação de conteúdo informativo essencial à sociabilidade da mulher, essa propaganda reforçava os padrões femininos convencionais que atribuíam às moças e senhoras uma posição predeterminada no meio social, no qual elas deveriam exercer algumas funções essenciais. É verdade que, muito timidamente, tal posição começava a se modificar, abrindo novos horizontes para a vasta população feminina do país. Na esfera da representação simbólica, porém, o padrão se perpetuava.

Por isso mesmo, o 'mundo da mulher' nos jornais era concentrado no lar, na maternidade, nos salões, no domínio do privado. A esfera pública, onde se dão os combates abertos, as mudanças, os conflitos, continuava ainda bastante restrita para a ala feminina. Esse tipo de mentalidade, que não era exclusivo do Rio de Janeiro nem do Brasil, e prevalecia em grande parte do mundo ocidental, dependeria, ainda, para se modificar, de transformações muito mais amplas e profundas que acabariam por acontecer em escala mundial, sobretudo ao longo dos anos 1960 e depois disso. Até então, o âmbito reservado dos espaços interiores, em especial na propaganda, continuava sendo o território preferencial destinado ao ser feminino. Era neles que as mulheres podiam exercer sua força, sua criatividade e suas principais qualidades.

Embora grande parte das mulheres, acima de tudo casadas, se conservasse numa posição de relativa inferioridade social, havia um tímido movimento de emancipação que não se restringia à questão do divórcio, já mencionada. O fundamental, nesse esforço de estabelecer uma posse efetiva dos direitos civis, era trabalhar e construir uma carreira. Ainda que fossem casos raros na sociedade local, o fato é que mulheres profissionais e empresárias começavam a ganhar destaque na imprensa. O simples registro desses eventos, por mais excepcionais que fossem, é uma indicação das lentas, mas firmes, transformações que estavam em curso:

> Sempre que necessário, a mulher tem o dever de realizar um trabalho fora de casa. O hábito de lidar com o orçamento doméstico, cortando despesas adiáveis toda vez que

a receita é insuficiente, esse costume serviu-me muito. (Marinette Bouças, diretora-geral da revista Observatório Econômico e Financeiro, fundada por seu irmão, Valentim Bouças, JB, 06 de janeiro de 1956, Segundo Caderno, p. 7)

No extremo oposto dessa tendência, registrou-se um caso inacreditável na imprensa da época. De tão incrível e galhofeiro, soa como piada. Ou leva a crer que se tratou de um golpe até então inimaginável. O fato é que um rico português comprou a prestações a mulher de um 'amigo'. E foi à polícia reclamar os seus direitos, por isso a notícia chegou aos jornais. Vale indagar sobre a condição da mulher dentro desse enredo rocambolesco: em tese, ela é passível de comercialização, pode ser comprada e/ou vendida; o português acreditou estar fazendo um bom negócio; o marido vendedor mais ainda, inclusive porque se livrava do filho, de lambuja; a própria mulher poderia estar envolvida na tramoia, o que não impede que se questione a iniquidade do ato em si mesmo. Cumpre perguntar até onde vai a desonestidade de um homem?!

> Pela quantia de 50 mil cruzeiros [cerca de R$ 34 mil atuais] passo todos os meus direitos de uso e posse sobre Conceição Machado César, minha esposa, desobrigando-me inclusive dos deveres que tenho para com meu filho — este o estranho recibo assinado por Milton Machado César, apresentado pelo cidadão português Antônio Pereira Ribeiro às autoridades do 8º Distrito Policial, onde compareceu para reivindicar a propriedade daquela que lhe fora vendida. (DC, 12 de março de 1957, 1ª página)

No campo da tolerância religiosa, por sua vez, o ambiente no Rio de Janeiro ainda precisava de muito aprimoramento. Havia uma clara dominância da Igreja Católica, que contava com a visível simpatia dos órgãos de imprensa e também tratava de defender a sua primazia sobre todas as outras. Até aí, nada de mais, pelo menos no sentido de uma defesa legítima do seu espaço enquanto religião e instituição religiosa. O que pode causar certo desconforto é observar a disseminação do preconceito contra as religiões de origem africana, tratadas como subespécie ilegítima de devoção. Pois foi assim que, segundo as notícias de jornal, o cardeal do Rio de Janeiro, em seu programa de rádio intitulado "A Voz do Pastor", se referiu ao culto a Iemanjá como uma "demonstração de atraso intelectual e moral" (JB, 05 de janeiro de 1957, p. 6). Na opinião do líder católico, o melhor combate à difusão desses cultos 'incultos' era justamente o da prevenção, educando as pessoas para que deles se afastassem.

Não se pode dizer que essa fosse uma tendência generalizada no meio religioso da cidade. Os jornais não tocavam na questão com muita insistência, o que dificulta qualquer afirmação neste sentido. Normalmente, os comentários costumavam se seguir aos festejos pela passagem do ano, quando os devotos de Iemanjá cumpriam os seus tradicionais rituais nas praias cariocas. Mas, tendo em vista a consagradora hegemonia do catolicismo, e sendo essa a palavra do cardeal, não seria estranho supor que esse pensamento viesse a predominar nos meios doutrinários católicos, repercutindo na imprensa da mesma forma. Foi o que se observou na notícia veiculada no começo de 1959, sobre o dia seguinte à passagem do ano. A carga de preconceitos se faz notar até mesmo nos termos empregados para descrever o panorama pós-festa:

Os macumbeiros voltaram a oferecer à cidade, na alvorada do Ano Novo, o espetáculo do seu culto à sua "divindade" Iemanjá. Vindos de todos os pontos da cidade, dos mais longínquos subúrbios, tomaram de assalto as nossas praias e entre cantos e danças do seu rito despejaram sobre o mar flores, charutos, garrafas de cachaça e comida, numa estranha oferta. Do Leme ao Leblon, em Ramos e no Flamengo, as praias amanheceram sujas, coalhadas de cera de vela, de restos de alimentos e de rosas brancas. (DN, 03 de janeiro de 1959, Segunda Seção, p. 1)

"Tomar de assalto", "nossas praias", "divindade" são expressões autoexplicativas. O curioso é que, na mesma página, uma outra notícia sobre religião merecesse tratamento completamente distinto. Seguindo uma tradição carioca que remonta ao ano de 1886, inaugurada por um frade franciscano devoto de Nossa Senhora de Lourdes, os freis Capuchinhos (ou Barbadinhos) costumam oferecer suas bênçãos e atender confissões todas as sextas-feiras. Na primeira sexta-feira do ano, porém, a afluência dos fiéis à Igreja dos Capuchinhos se torna ainda mais excepcional, em virtude da renovação da fé num bom ano, por meio da bendição dos franciscanos. Graças à popularidade da data entre os católicos do Rio de Janeiro, a presença dos devotos em grande quantidade é sempre garantida e constitui parte do calendário de festejos religiosos locais:

> O povo carioca renovou a tradição religiosa e popular de ir, ontem, na primeira sexta-feira do ano, ao templo dos Capuchinhos (também conhecidos como Barbadinhos) para receber a bênção e água santa, que lhes permita entrar com o pé direito no ano novo. (DN, 03 de janeiro de 1959, Segunda Seção, p. 1)

É uma outra abordagem, sem dúvida. Não se veem adjetivações excessivas, nem censuras veladas. Trata-se de um mero relato, conciso, discreto e, acima de tudo, muito respeitoso em relação à manifestação reportada. Não custa perguntar se, com essa grande afluência de fiéis e com a presença, já conhecida, de vendedores ambulantes por todos os cantos da cidade, não restaria uma rua coalhada de restos de comida e demais itens porventura utilizados na realização do festejo. Festas coletivas costumam provocar certas desordens, isso é comum. Todavia, ao retratá-las, a imprensa carioca mostrou que sabia ser bem seletiva na escolha dos termos e dos enfoques. Por isso mesmo, cumpre aqui mencionar a necessidade de distanciamento crítico em relação a esses registros. Longe de serem apenas indicações de fatos, eles expressam uma visão de mundo.

Isso perpassa todo o trabalho aqui desenvolvido. Em diversos momentos, pareceu bem evidente que os jornais, de uma forma geral, representavam a realidade, em vez de registrá-la. Na própria escolha dos temas, dos eventos e das personagens a serem abordados, observa-se uma nítida inclinação por determinados pontos e aspectos. Há uma predisposição quase incontrolável por alguns elementos dessa realidade aparentemente retratada, ao mesmo tempo em que outros quase se escondem em meio ao noticiário, ou nem chegam a ser tratados. Não se pretende fazer aqui uma análise em profundidade da questão, como é merecido, mas apenas protocolar a menção literal ao reconhecimento de que o relato da imprensa não é imparcial, nem isento, nem alheio ao contexto social mais amplo onde se estabelecem os principais conflitos.

Não é de estranhar, portanto, que esse padrão de escolhas se evidenciasse ainda mais nos aspectos relacionados à cultura. Talvez eles fossem mesmo os elementos nucleares de toda uma visão de mundo que permeava o jornalismo local. Assim como nos temas políticos todos os jornais aqui pesquisados demonstravam uma clara postura anticomunista, ao tratar dos eventos e fatos culturais, essa imprensa exibia visível propensão a exaltar e difundir as realizações de grupos, artistas e representantes já reconhecidos, e plenamente aceitos pelos círculos intelectuais dominantes. Tópicos e temários distantes ou alheios aos cânones da cultura local consagrada tendiam a ficar isolados no noticiário, recebendo, quando muito, uma mera nota ou referência pontual. Além do mais, fatores comerciais também influenciavam na eleição dos 'privilegiados'.

Foram raras as aparições de notícias vinculadas aos negros, em geral. Embora as atividades de entretenimento merecessem dos jornais bastante relevo, até porque vinham sempre acompanhadas de anúncios comerciais dos seus patrocinadores, o destaque dado ao Teatro Experimental do Negro, por exemplo, idealizado, fundado e dirigido por Abdias do Nascimento, em 1944, no Rio de Janeiro, e ativo até o início dos anos 1960, foi significativamente modesto.

Uma pequena referência a ele foi anotada na pesquisa aqui elaborada, por ocasião da apresentação de um novo espetáculo do grupo, no popular Teatro Follies da cidade (DN, 05 de janeiro de 1956, p. 8). Demonstrações veladas ou explícitas de racismo, por sua vez, também tiveram registro episódico na imprensa, criando uma falsa impressão de que talvez nem tenham existido. A discrição com que foram tratados também faz pensar que, embora houvesse legislação específica sobre o tema, a disposição política de enfrentá-lo era significativamente comedida:

> Processado o Colégio por fazer restrições raciais. Negada matrícula ao menino de cor. — Pedro Dias e Teresa Dias, pais do menor F. de oito anos de idade, baseados na chamada Lei Afonso Arinos, que dispõe sobre o problema da discriminação racial no Brasil, apresentaram no dia 16 do mês findo, na delegacia da 2ª DP, queixa-crime contra a direção do Colégio The Happy School Brazil-Canada, acusando-a de rejeitar a matrícula de seu filho, por ser ele de cor parda. (DN, 06 de janeiro de 1956, p. 8)

Algum tempo depois, foi a vez de uma ativista estadunidense, em visita ao Rio de Janeiro, trazer de volta a questão. Com o olhar curioso e refinado, percebeu detalhes que não se veem a olho nu. Ou pelo menos não se deixam mostrar assim tão abertamente. É como se estivessem ali, mas ninguém os enxergasse. São cheios de sutilezas, pormenores, e precisam de grande perspicácia para ser percebidos. Segundo sua observação, os negros não eram iguais aos brancos, no Brasil. Entre eles, portanto, reinava uma profunda desigualdade que o passar do tempo mostrou ser detentora de uma tenaz resistência e durabilidade:

> Edith Sampson, advogada norte-americana que se encontra no Rio, com a delegação de líderes sindicais ao Seminário Interamericano, disse ontem, em entrevista coletiva à imprensa, que, apesar de não haver

discriminação racial no Brasil, não viu pessoas de cor em situação de maior destaque, nos diversos setores da vida brasileira, e que ficou deprimida com o fato. E acrescentou: "A liberdade é relativamente pouco importante se não há oportunidade igual para todos". (DN, 05 de dezembro de 1958, 1ª página)

É de se supor que situações de discriminação velada fossem até comuns, se tomarmos o exemplo dos dias atuais. Todavia, poucos são os casos que chegam às delegacias e às barras dos tribunais. Apesar de todos os esforços que vêm sendo feitos neste sentido, e mesmo com a vigência da lei Afonso Arinos, anteriormente citada, que determina constituir contravenção penal qualquer prática de preconceito de raça e de cor, ainda se está longe de eliminar condutas e ofensas racistas na sociedade brasileira, de uma vez por todas. Volta e meia somos surpreendidos por declarações e gestos discriminatórios, que partem inclusive de parlamentares e celebridades nacionais. A existência de oportunidades iguais para brancos e negros, por sua vez, é um projeto a ser construído com firmeza e determinação, por meio de conquistas legais e formais.

No âmbito do entretenimento, as rádios brasileiras desfrutaram de grande prestígio naquele período histórico e foram responsáveis por boa parte da atividade musical do país. Cantores e cantoras, por seu lado, tinham enorme poder de atração popular e levavam multidões aos estúdios e teatros onde se apresentavam. Havia um verdadeiro 'combate' entre as principais estações de rádio e seus apresentadores na busca por melhores atrações para os seus programas. Essas disputas, muitas vezes acaloradas, eram gentilmente bancadas pelos anunciantes e patrocinadores, que ajudaram a transformar a radiodifusão num dos melhores negócios em atividade de todos os tempos. A Revista do Rádio, uma das publicações mais influentes dessa época, notabilizou-se pela popularidade que alcançou e ajudou a projetar.

Ivon Curi, eleito o melhor cantor do Brasil, em 1955, foi o entrevistado do programa "Gente que Brilha", da Rádio Nacional, no começo de 1956 (DN, 05 de janeiro de 1956, p. 8). Amélia Simone, uma das grandes estrelas do rádio-teatro carioca, fazia enorme sucesso como uma das protagonistas da peça "Retalhos da Vida", na Rádio Mundial (DN, 03 de janeiro de 1956, p. 5). Cruzeiro Musical, apresentado e produzido por Normando Lopes, oferecia "música para o seu devaneio", numa gentileza de Serviços Aéreos Cruzeiro do Sul, "a maior rede aérea doméstica do mundo", também na Rádio Mundial, todas as quintas-feiras, às 22 horas (DN, 05 de janeiro de 1956, Segunda Seção, p. 1). Antonio Maria, por sua vez, num oferecimento dos Biscoitos Piraquê, escrevia o Teatro de Comédias Piraquê, apresentado pela Rádio Mayrink Veiga, também às quintas-feiras, às 21h30. Enquanto Ângela Maria lançava o seu novo disco intitulado "Só melancolia e amor", e Inezita Barroso apresentava o seu novo sucesso "O gosto do caipira", Elizete Cardoso iniciava um novo programa na Rádio Mayrink Veiga, todos os domingos, às 20h30, numa gentileza de Gordura de Coco Cristal, "gostosa, diferente, cristalina" (DN, 18 de fevereiro de 1956, p. 7). Carlos Galhardo, por sua vez, era o titular do Cancioneiro Kelson's, na Rádio Mayrink Veiga, todas as sextas-feiras, às 21h, sob o patrocínio das (famosas) bolsas Kelson's (DN, 13 de março de 1956, Segunda Seção, p. 1).

A lista é enorme. A publicidade dada aos artistas brasileiros era imensa em todos os jornais aqui consultados, embora com maior intensidade no Diário de Notícias, cuja abrangência era, normalmente, superior à dos demais. Rivalizando com o rádio, vinha o cinema, em grande estilo. É interessante observar que, pela lista de salas de exibição publicada na imprensa, o Rio de Janeiro parecia ser bem dotado de cinemas em (quase) todos os cantos da cidade. Pela divisão geográfica definida na imprensa, o maior número de salas ficava mesmo nos subúrbios da Central (com 26), seguido pela Zona Sul (um total de 23). O Centro e a

Cinelândia, assim como a Tijuca, também ofereciam boas opções aos usuários, enquanto outros bairros da Zona Norte (Grajaú, Maracanã, Vila Isabel) e os subúrbios da Leopoldina contavam com algumas alternativas.

A 'era de ouro' de Hollywood alcançou o Rio de Janeiro. Os lançamentos dos principais estúdios estadunidenses encontravam público cativo nas salas de cinema da cidade, e propiciavam programação para muitos dias. Logo na primeira semana de 1956, por exemplo, foram anunciadas promissoras estreias, com "Os Sete Samurais", de Akira Kurosawa (uma exceção que vinha do Japão), encabeçando a lista, graças à premiação no consagrado Festival de Veneza. Seguiam-se "Ulisses", com Kirk Douglas e Anthony Quinn, "O Filho Pródigo", com Lana Turner e "Choque de Ódios", com Vera Miles, entre outros (DN, 1º e 02 de janeiro de 1956, p. 8). Em maio, os anúncios dos jornais alardeavam o musical milionário produzido por Samuel Goldwin, um dos magnatas do cinema estadunidense: "Eles e Elas" (*Guys and Dolls*), estrelado por Marlon Brando, Jean Simmons, Frank Sinatra e Vivian Blaine (DN, 05 de maio de 1956, Segunda Seção, p. 3). No ano seguinte, foram Gina Lollobrigida e Anthony Quinn que protagonizaram mais um dos grandes dramas de Hollywood, em "O Corcunda de Notre-Dame" (DN, 27 de julho de 1957, Segunda Seção, p. 3). E, depois, Frank Sinatra, Dean Martin e Shirley Maclaine no clássico "Deus sabe quanto amei" (DN, 1º de outubro de 1959, p. 12). Na mesma linha dos dramas memoráveis de inspiração literária, surgiu "Bom dia, tristeza", dirigido pelo consagrado Otto Preminger, com elenco estelar: Deborah Kerr, David Niven, Jean Seberg e Mylène Demongeot (JB, 31 de agosto e 1º de setembro de 1958, Segundo Caderno, p. 9). Em meio a tantos sucessos, os grandes estúdios tratavam de ocupar todos os espaços disponíveis para garantir o público cativo de suas películas.

No começo de 1957, os anúncios alardeavam a chegada de um filme capaz de abalar os espíritos mais sensíveis. Tratava-se de "A

Cidade do Vício", dirigido por Phil Karlson. Embora não contasse com grandes estrelas conhecidas no elenco, prometia ser "real e emocionante como a própria vida". Era uma história que havia abalado os Estados Unidos, desvendando um mundo de crimes e vícios alarmantes para os padrões da época. O realismo chocante do enredo e das principais cenas causou forte impacto nos espectadores. Na mesma página da programação de cinema, via-se ainda o lançamento de um novo sucesso dramático: "A encruzilhada dos destinos", com Ava Gardner e Stewart Granger (DC, 1º de janeiro de 1957, p. 6). Logo depois, era a vez da estreia de "Alta Sociedade", com Bing Crosby, Grace Kelly e Frank Sinatra, e de "O homem que sabia demais", de Alfred Hitchcock (DC, 1º de março de 1957, p. 12).

Nenhum lançamento dessa época, porém, repercutiu com tanta impressão quanto a película "Ao Balanço das Horas" (*Rock around the clock*, 1956). O momento preciso em que o *rock 'n' roll* capturou parte da juventude carioca com sua batida forte e cadenciada foi retratado nos jornais com viva comoção. A adjetivação excessiva tornou a ser empregada, no intuito de expressar a visão perturbadora de manifestações e comportamentos audaciosos e inovadores que os jovens não se furtavam a demonstrar, dentro e fora das salas de exibição. Segundo a reportagem, foi preciso chamar a polícia para contê-los, e nem assim eles chegaram a se acalmar por completo:

> *Rock 'n' roll* histérico dominou Copacabana. Desvario da juventude foi geral. — O *Rock 'n' roll*, ritmo da loucura, a exemplo do que já ocorreu em Nova York, Londres, São Paulo e outras capitais e cidades da América e da Europa, contagiou ontem centenas e centenas de jovens cariocas que superlotaram os cinemas onde era exibido o filme "Ao Balanço das Horas", provocando tumultos, conflitos, em cenas de histerismo coletivo que só a custo as autoridades policiais conseguiram dominar. O Cine Rian em

> Copacabana foi a casa de exibições onde os chamados "play-boys" sofreram em maior grau a influência da música e dança considerada não apenas como imprópria para a juventude, mas até mesmo como fator de calamidade pública. A presença dos choques da PE (Polícia Especial) e dos investigadores não conteve, todavia, a alucinação dos jovens, os quais já não mais dançavam no interior do cinema, mas dele saíam em alucinados rodopios e saltos, transformando aquele trecho da Avenida Atlântica num autêntico palco de estranha e louca exibição da dança dos sentidos. (DC, 15 de janeiro de 1957, 1ª página)

Quem gosta de *rock 'n' roll* consegue bem imaginar a euforia que tomou conta daqueles jovens que entraram em contato com a música pela primeira vez. Mas, mesmo quem não gosta e já se acostumou com ela pode perceber os exageros dessa descrição. Nesse pequeno trecho de reportagem, fica bastante visível o desconforto do jornal diante da novidade trazida pela batida do *rock* e pela empolgação com que a juventude respondeu a ela. Em pouco tempo, no entanto, o mundo todo seria 'dominado' por essa inovação musical e situações como esta seriam rapidamente incorporadas aos teatros, auditórios e salas de cinema, caracterizando um padrão de comportamento típico dos fãs de *rock 'n' roll*. No calor daquela hora, porém, o espanto era quase inevitável. Num ambiente de acentuado moralismo, então, era praticamente impossível não se 'chocar'.

Não é proposta deste ensaio enveredar pela história do cinema brasileiro, nem fazer uma análise crítica em profundidade dessa relação do público local com a grande filmografia estadunidense do período em questão. Cumpre apenas deixar aqui o registro dessa presença esmagadora, verdadeiramente asfixiante, das produções dos principais estúdios de Hollywood nas salas de exibição do Rio de Janeiro.[35] Em todos os jornais pesquisados, em todos os anos cobertos pela pesquisa, os lançamentos e as reprises dos maiores sucessos de bilheteria do cinema hollywoodiano dominavam por completo as seções dedicadas à 'sétima arte'. De tal forma que não passou despercebida pelo deputado Aurélio Viana, que se alarmou com o desamparo em que se encontrava a indústria cinematográfica brasileira: "Portarias que protegem excessivamente os filmes estrangeiros — Falta de amparo do Executivo — Setenta por cento da renda dos filmes internacionais remetidos ao câmbio oficial para o exterior" (CM, 17 de abril de 1956, p. 3).

Mas havia uma filmografia brasileira de sucesso, na década de 1950. Comédias e musicais tendiam a dominar a preferência do público, elevando ao estrelato um grande número de atores e atrizes que depois brilhariam ainda mais na televisão. Os maiores comediantes daquela época (como não se lembrar de Grande Otelo, Oscarito, Ankito, Dercy Gonçalves, Mazzaropi?) também marcaram toda uma geração de espectadores, que guardou na lembrança as boas gargalhadas provocadas pelas cenas impagáveis de malandros e heróis desengonçados e presepeiros. A grande questão desse processo de realização cinematográfica brasileira, no entanto, é que ele não foi capaz de engendrar a própria perpetuação, tendo interrompido o seu ciclo de expansão em brevíssimo tempo e desmobilizado um número expressivo de profissionais técnicos e artísticos.

Por outro lado, na capital da República, a cena teatral também oferecia inúmeras opções de entretenimento, exibindo alguns dos mais famosos grupos de atores e diretores do país. No mesmo contexto

---

[35] O cinema europeu (sobretudo, francês e italiano) também costumava ser bem representado nos cinemas do Rio de Janeiro. Os grandes lançamentos, protagonizados pelas principais estrelas, sempre estreavam na capital e constituíam matéria de crítica na imprensa. É claro que numa escala bem menor do que a do cinema hollywoodiano.

em que se apresentavam os mais destacados representantes do teatro brasileiro, exibiam-se ainda os grandes espetáculos do "teatro rebolado", sob a batuta impagável de Walter Pinto, principalmente. No começo de 1957, por exemplo, ele convidava para as apresentações de "Botando prá Jambrar!", no Teatro Recreio (DC, 1º de janeiro de 1957, p. 7), e abria sempre espaços para a ascensão de novas vedetes no quadro das "preferências nacionais". Já em outubro de 1959, no mesmo Teatro Recreio, Walter Pinto apresentava "Tem Bububú no Bobobó", com um elenco estelar comandado por Virgínia Lane, Walter D'Ávila e José Vasconcelos (DN, 1º de outubro de 1959, p. 12). Nos primeiros dias do ano de 1956, por sua vez, a cena teatral carioca já anunciava animadas encenações: Dercy Gonçalves no Teatro Glória, com "Lucrécia Bórgia"; Mesquitinha, Nélia Paula, Badaró no Teatro Dulcina, com "É fogo no Catete!"; Rose Rondelli, Palmeirim Silva, Manoel Vieira no Teatro Jardel, sob direção de Geysa Bôscoli, com "Tudo é Carnaval!"; Companhia Nicete Bruno (Nicete Bruno, Paulo Goulart, Luis D'Ávila, Luís Tito) no Teatro de Bolso, com "Bife, bebida e sexo" (DN, 1º e 02 de janeiro de 1956, Segunda Seção, p. 3). A lista dos teatros que publicavam anúncios nos jornais não era muito longa: Carlos Gomes, Copacabana, De Bolso, Do Leme, Dulcina, Duse, Follies, Ginástico, Glória, Jardel, João Caetano, Madureira, Maison de France, Mesbla, Municipal, Palácio de Alumínio, Recreio, República, Rival, São Jorge, Serrador, Tablado, Tijuca.

Os ganhadores dos prêmios de melhor atriz e ator, respectivamente, do ano de 1956, foram Fernanda Montenegro, por seu papel em "Nossa Vida com Papai", e Ítalo Rossi, pela peça "Casa de Chá do Luar de Agosto", ambos espetáculos do famoso e respeitado Teatro Brasileiro de Comédia (TBC). A encenação que rendeu o prêmio a Fernanda Montenegro encontrava-se em cartaz no Teatro Ginástico, no Rio de Janeiro, com a participação de Fregolente e grande elenco (DC, 1º de janeiro de 1957, p. 6). Os cariocas puderam assistir ainda à montagem de "Maria Stuart", de Schiller, com tradução de Manuel Bandeira, tendo Cacilda Becker e Cleyde Iaconis a encabeçar o aclamado elenco (DN, 13 de março de 1956, Segunda Seção, p. 3). E também a Cia. Tonia-Celi-Autran interpretando "Otelo", de Shakespeare (DN, 27 de março de 1956, Segunda Seção, p. 3). Numa linha mais popular, segundo o jornal, a preços bem mais em conta, o público prestigiou uma montagem que já se perpetuava há seis meses em cartaz e contava com mais de sessenta artistas no palco do Teatro João Caetano: "Agora a coisa vai" (DN, 1º de agosto de 1956, p. 10).

Por sua vez, Virgínia Lane, a vedete mais decantada do teatro rebolado, estava em cartaz no Teatro Follies com a revista "Mulher de Verdade", na mesma temporada em que o texto de Maria Clara Machado intitulado "A bruxinha que era boa" encantava as crianças no Teatro Tijuca, e dois grandes sucessos de Tenessee Williams comoviam as plateias do Rio de Janeiro: "À Margem da Vida", com Henriettte Morineau, Adriano Reys, Therezinha Amayo e Paulo Araujo; e "Gata em teto de zinco quente", com Cacilda Becker, Walmor Chagas, Célia Biar, Leonardo Villar e muitos outros (DN, 27 de julho de 1957, Segunda Seção, p. 3). Numa amostra da diversidade da cena teatral carioca, os espetáculos se sucediam alternando dramaturgia de alto nível com comédias rasgadas e o melhor do teatro rebolado. Assim como na fanfarrice da Cia. Silva Filho denominada "Encosta a Cabecinha", e na crítica sofisticada de Millôr Fernandes, em "Uma Mulher em Três Atos" (JB, 31 de agosto e 1º de setembro de 1958, Segundo Caderno, p. 9).

Em meio a tantas apresentações espetaculares e a tantas celebridades nacionais e estrangeiras, uma notícia singela sobre o panorama cultural da capital federal foi colhida no jornal, sem grande estardalhaço. A Prefeitura do Rio de Janeiro mantinha em permanente funcionamento uma discoteca pública, na Avenida Almirante Barroso 81 - 7º andar, onde, em média, cerca de setenta pessoas por dia paravam para escutar música clássica. Ilustrada com fotos, a matéria foi bastante informativa:

Possui duas cabines individuais, bem espaçosas e confortáveis. Audições coletivas com repertório preparado pela Coordenadora da Discoteca, Sra. Nadir Leite, às segundas e quintas-feiras, no pequeno auditório da instituição. O acervo tem 4 mil discos no gênero clássico. (JB, 1º de outubro de 1958, p. 7)

Nesse processo de fermentação cultural brasileira, em que o popular e o clássico se misturavam para compor uma perspectiva muito própria, o futebol já se constituíra num dos grandes interesses da população e mobilizava todo mundo durante os principais campeonatos, locais e exteriores. No plano internacional, os certames sul-americanos costumavam empolgar os torcedores, tendo a equipe da Argentina como principal rival da seleção canarinho. Além da Copa do Mundo, é claro, que selaria para sempre, a partir de 1958, o amor incondicional e eterno entre a seleção e o povo do Brasil, fazendo dele, segundo a mais ampla opinião mundial, o 'país do futebol'.

Os jornais dispensavam seções e cadernos inteiros ao tema, variando de acordo com os dias da semana. Nos fins de semana, as reportagens eram mais diversificadas e ocupavam um número maior de matérias. De qualquer maneira, com menos ou mais ênfase, o futebol sempre foi assunto, da primeira à última página. Como em junho de 1957, por exemplo, em que foi noticiada a vitória do Vasco sobre o Real Madrid (4 x 3), num torneio internacional realizado em Paris, pelo jubileu do Racing (DN, 15 de junho de 1957, Segunda Seção, p. 1). Ou junho de 1958, quando Adalgisa Colombo, representando o Botafogo de Futebol e Regatas, seria eleita Miss Distrito Federal, consagrando-se depois como a Miss Brasil daquele mesmo ano (DN, 17 de junho de 1958, Segunda Seção, p. 1). Ou, ainda, em 25 de junho de 1958, quando a cidade inteira parou para aplaudir nas ruas o escrete brasileiro, na partida semifinal contra a França (DN, 25 de junho de

1958, Segunda Seção, p. 1), pela Copa do Mundo, inaugurando ali uma tradição que se tornaria de fato emblemática: a de parar tudo para assistir aos jogos da seleção! E que se confirmou amplamente na vitória consagradora da equipe brasileira no jogo decisivo do campeonato mundial de 1958, em 29 de junho, batendo a anfitriã Suécia, por 5 a 2. A capital não só parou como seguiu em festa durante os dias seguintes, inclusive para recepcionar os jogadores em seu retorno ao país!

Em resumo, embora apresentasse expressivos sinais de vanguardismo cultural, o Rio de Janeiro ainda padecia de certo acanhamento típico do moralismo pequeno-burguês que presidia uma parte importante das escolhas e valores culturais da cidade e, quiçá, do país. Em diversas passagens deste ensaio, eles se fizeram presentes. Esse conservadorismo, que tendia a perpassar os diversos segmentos socioeconômicos locais e não era privilégio de um único grupo, se não chegava a ser uma completa aversão às mudanças, pelo menos antepunha alguns obstáculos significativos às inovações no campo dos comportamentos e das ideias. Isso afetava a moda, o esporte, o gosto musical, a expressão de afetividade, a igualdade social, sexual e racial, o lazer e o entretenimento, o convívio entre as pessoas e as manifestações artísticas.

Nesses anos da construção de Brasília, portanto, o Rio de Janeiro não se mostrou assim tão excepcionalmente libertário e vanguardista, como alguns preferem crer. Ainda que fosse o palco de inúmeras iniciativas nessa direção, precisou lidar com as vozes contrárias, que se apegavam tenazmente aos valores e costumes tradicionais que durante tanto tempo moldaram a sua ideologia cultural. A bossa nova, que seria uma das marcas registradas mais importantes da cidade, não pode ser tomada pelo todo. As novidades que fizeram época foram sempre confrontadas com práticas caducas e antiquadas, que teimavam em não se deixar ficar no passado.

— **Cidade maravilhosa**

Vista aérea do centro da cidade do Rio de Janeiro, RJ: [196-]. FONTE: Biblioteca Nacional Digital.

ALCUNHADO DE 'CIDADE MARAVILHOSA' ainda na primeira metade do século XX, o Rio de Janeiro atravessaria toda essa centúria cultivando o mito presente nesse título de tão nobiliária procedência. Numa clara referência às suas paisagens deslumbrantes, a noção de maravilhoso contida na titulação outorgada é uma evidente demonstração de encantamento diante da bela visão de suas montanhas, matas e águas, tão fortemente cantadas e retratadas em incontáveis poesias, músicas, imagens. De posse desse título tão enobrecedor, sua população aderiu prontamente à idolatria das belezas naturais da região, perpetuando, com orgulho e exaltação, as virtudes ali existentes, únicas em todo o mundo. Os estereótipos do carioca 'gente boa' e do Rio 'cidade maravilhosa', assim, se alimentaram um ao outro, numa patente simetria que lhes asseguraria longa duração.

No reverso desses estereótipos, no entanto, durante o período da construção de Brasília, vê-se o registro dos jornais cariocas exibindo um profundo mau humor e uma indisfarçável má vontade em relação a essa mesma cidade alcunhada 'maravilhosa'. Nas páginas abertas da imprensa da época, manifesta-se sem nenhum disfarce ou pudor o mais ferrenho juízo quanto às condições gerais da capital, que não estaria fazendo jus ao galardão que lhe fora outorgado em reconhecimento às suas inigualáveis belezas naturais. As contradições entre um meio natural exuberante e primoroso e um meio urbano degradado e corrompido, portanto, foram apresentadas sem retoques pelos editoriais e pelas crônicas dos jornais consultados, durante boa parte do período histórico aqui abordado.

É interessante ainda observar que, embora tenham começado o período em questão usando tintas bem fortes para retratar as mazelas e agruras da capital, realçando os principais problemas e as aflições mais graves com bastante vigor e insistência, conforme o prazo de inauguração de Brasília foi se aproximando, os órgãos de imprensa examinados progressivamente abandonaram o tom de lamúria e reprovação e adotaram uma postura mais defensiva, abrandando a entonação ostentosa. Nos meses que antecederam a mudança efetiva da capital, o assunto praticamente saiu dos noticiários, recebendo atenção muito menor e mais rara. Nesse caso, o que se pode observar é que as baterias se voltaram justamente contra o Planalto Central, onde se erguia a nova sede da República com a ousadia e a coragem de criar uma cidade no 'nada'.

Neste capítulo, será possível perceber o reverso preciso da 'cidade maravilhosa' tal qual foi retratado pelos jornais estudados. Em lugar da exaltação tradicional dos conhecidos encantos do Rio e do carioca, vê-se uma carranca ensimesmada que olha em volta e não encontra os reflexos da fábula criada. Ao contrário, observa o lixo, a sujeira, o descaso, a delinquência, a favelização crescente e não consegue enxergar o espelho. Afinal de contas, aonde foi parar a simetria de uma cidade e de um povo sempre prontos à exacerbação da alegria? Como seria possível compreender aquele estado de coisas, se o que se pensava era justamente o seu oposto?

> Parece haver propósito deliberado em acabar com a beleza desta cidade — Lixo, capim e até uma aboboreira em plena Lagoa Rodrigo de Freitas. Persistindo a obstrução do canal do Leblon, os peixes morrem. Lagoa-Copacabana: um transporte difícil, caro e inseguro. Rua Miguel Lemos: pedestres, acautelem-se. Calçadas, na Urca, são pistas para ciclistas. Paralisadas as obras na Estrada do Redentor. Poeira na Praça José de Alencar.
>
> Da Rua Barão do Bom Retiro à Padre Roma [Engenho Novo] — Um mundo de dificuldades: lama, mosquitos, moscas, baratas, lixo. (CM, 05 de fevereiro de 1956, 4º Caderno, 1ª página)
>
> Metros de capim afogando a zona residencial da Barra da Tijuca — Cobras, mosquitos, sapos e tiririca para os moradores que vivem assustados. Faltam iluminação, água e esgotos. Quinze anos para o reconhecimento

dos logradouros. Nada de pavimentação. Salva-se a boa vontade das professoras, muito embora a Prefeitura lhes negue a necessária assistência. (CM, 1º de abril de 1956, 4º Caderno, 1ª página)

Não se pode descartar a hipótese de que a imprensa estivesse a fazer política, quando atacava tão abertamente as condições gerais da capital. A crítica incansável aos dirigentes municipais, e também federais, fazia parte das atribuições que os próprios jornais imputavam a si mesmos. Tratava-se, em sua visão, de um 'serviço de utilidade pública' uma fiscalização, em nome da população, acerca do andamento das obras, gestões e administrações das quais essas autoridades eram encarregadas. Todos os problemas denunciados representavam, na realidade, segundo as alegações dos jornais, a sua forma específica de expressar o descontentamento da população local com os seus governantes e também de manifestar a visão dos jornalistas e demais colunistas sobre a melhor maneira de encaminhar a sua solução:

> "Solução" (Editorial) — Que se pede [à administração municipal]? Água, transporte, remoção do lixo, limpeza das ruas e dos esgotos, melhor fiscalização dos tributos, etc., quer dizer, medidas técnicas. (...) Os partidos políticos do Distrito Federal (todos) aos problemas técnicos pretendem dar uma solução política.
>
> Na verdade, a administração de uma grande metrópole moderna é assunto técnico, puramente técnico, e mais difícil, mais complicado, pelo choque dos interesses do que a administração de um grande truste industrial. (CM, 07 de abril de 1956, p. 6)

Essa percepção de que o choque de interesses (contraditórios e opostos) faz parte do jogo político e interfere na organização do poder público, embora tenha sido aqui apresentada na forma de um juízo crítico negativo, é mesmo fundamental para a compreensão de qualquer etapa do desenvolvimento de uma sociedade. Essa suposição presente no texto da matéria acima, de que o "tratamento técnico" dado à administração pública é a cura para todos os males provenientes da corrupção, dos desmandos, do favorecimento, da prevaricação é tão antiga quanto fantasiosa. Na realidade, pode-se levantar a hipótese de que quanto maior for a participação das várias forças políticas em disputa no meio social, melhores serão as chances de uma solução negociada e mais justa para os conflitos. E não o contrário.

Mas os jornais aqui consultados, em geral, tendiam a partilhar essa visão de uma administração pública 'asséptica', imune, portanto, a toda e qualquer espécie de contaminação política. Como se isso fosse possível. E como se o debate político fosse, em princípio, algo ruim. No topo da hierarquia de poder, restaria uma burocracia de competentes e técnicos que se encarregaria de oferecer os melhores resultados possíveis ao restante da população (que, certamente, não precisaria se ocupar nem se preocupar com tais afazeres, deixando-os ao encargo dos mais preparados). Esse procedimento de limpeza e higienização das estruturas de administração pública, embora jamais tenha chegado a se concretizar de fato, é sempre uma promessa a ser anunciada com toda pompa nos processos eleitorais — sem nunca revelar a sua verdadeira natureza política.

O aporte técnico é, sem dúvida, necessário à administração pública, em suas várias esferas. Não é possível apresentar soluções viáveis e úteis para os diversos problemas que cercam uma grande metrópole sem o concurso do saber técnico de inúmeros profissionais especializados. Mas as diretrizes quanto aos investimentos, às obras, à aplicação dos recursos são eminentemente políticas. E dependem da articulação das muitas forças em disputa para chegar a uma saída negociada. Os grupos com maior poder de pressão, de manifestação de suas demandas e vontades, de influência sobre os centros decisórios, certamente tendem a obter maiores vantagens nesses processos. E o oposto também é verdadeiro. Por isso mesmo, fica meio difícil acreditar na sinceridade de uma proposta que prega a isenção político-partidária na administração pública.

No terreno das agruras enfrentadas pelos cariocas no seu dia a dia atribulado, conforme já mencionado anteriormente, recebiam grande destaque na imprensa as constantes enchentes provocadas pelas chuvas torrenciais que costumavam castigar a Guanabara. Episódios dramáticos desse tipo, capazes de causar enormes estragos e inúmeros óbitos têm sido contínuos na história da cidade e deixam seu rastro amargo de destruição e morte. Nesse período da construção de Brasília, não foi diferente. Entre os tormentos invariavelmente enfrentados pela população do Rio de Janeiro, as chuvas fortes eram dos mais desastrosos pelos efeitos que podiam ocasionar:

> Temporal causou mortes e inundou. O Rio submerso. Destruição e tráfego interrompido — Seis mortos, vários desabamentos e a inundação da maior parte da cidade foram as principais conseqüências do temporal que desabou, na noite passada, durante cerca de uma hora e meia, sobre o Rio, com uma intensidade que não se verificava há muitos anos. (DC, 17 de fevereiro de 1956, 1ª página)

> "Proteção contra as enchentes" — Não se trata somente de limpar os encanamentos, como o fez muito acertadamente o Prefeito João Carlos Vital. É indispensável levar a efeito o plano de escoamento das águas e de proteção contra as enchentes elaborado desde o tempo de Paulo de Frontin. Não são serviços vistosos, que chamam a atenção do público, mas tornaram-se de fato urgentes. (Editorial, DC, 18 de fevereiro de 1956, p. 4)

> Paralisou o temporal a vida na cidade — Já há tempos, quando se fez uma limpeza geral nas galerias e canais, objetos dos mais estranhos foram retirados do seu

interior, tais como colchões, camas, jacás em grande quantidade, e até um barco de porte razoável. Necessidade de limpezas periódicas dessas galerias. (DN, 17 de fevereiro de 1956, p. 6)

O temporal de ontem à noite. Completamente alagada a cidade. Impossibilitados os veículos de transitar. O problema do escoamento. Descaso da Prefeitura com as obras essenciais. (JB, 19 de janeiro de 1957, p. 9)

Mortes e destruição causadas pelo temporal. Paralisaram os transportes de toda a cidade. Um verdadeiro caos no Rio de Janeiro: 33 mortos entre crianças, adultos e anciãos, por desabamentos, afogamentos e descargas elétricas; prejuízos altos a vários tipos de empreendimentos e serviços — escolas, jornais, transportes. (DN, 23 de dezembro de 1958, Segunda Seção, p. 1)

Continua a cidade abalada com os efeitos do temporal. Sobe para 46 o número de mortos. (DN, 24 de dezembro de 1958, Segunda Seção, p. 1)

Temporal paralisou o Rio com lixo e lama nas ruas. Zona Norte foi a mais sacrificada. Vários mortos e feridos na enxurrada de ontem (desmoronamentos, danos na rede elétrica). Bombeiros em ação durante todo o dia. (DN, 21 de maio de 1959, Segunda Seção, p. 1)

Não deixa de ser doloroso pensar nos incontáveis eventos desse tipo que aconteceram e continuam a acontecer na cidade do Rio de Janeiro, com periodicidade incômoda e inquietante. Parte do problema, sem dúvida, fica por conta da natureza mesma, com sua ferocidade tropical a derramar tanta água sobre a região. Outro dado, no entanto, diz respeito justamente às medidas já estudadas e definidas pelos técnicos renomados que se dedicaram ao problema. O engenheiro Paulo de Frontin, citado no texto da terceira notícia, além de todos os atributos profissionais que colecionou ao longo da vida, foi prefeito do Rio de Janeiro em 1919, exercendo um mandato tampão de seis meses. Décadas depois de sua passagem pela Prefeitura do Distrito Federal, os dramas das enchentes periódicas continuavam a assolar a região, de tempos em tempos.

Os excessos de chuva não se faziam compensar pelas boas condições dos demais serviços públicos da cidade. Ao contrário, no terreno da gestão municipal, os problemas se acumulavam, agravados pelo crescimento acelerado e contínuo da metrópole. Uma das principais fontes de preocupação dos moradores era a questão da sujeira. O Rio, apesar de sua imensa beleza decantada em prosa e verso, andava imundo e desmazelado na maior parte do tempo, causando uma péssima impressão nos habitantes e visitantes. A falta d'água crônica, que só seria resolvida ao longo dos anos, respondia por uma parte do problema; a coleta de lixo, por sua vez, representava um dos maiores desafios postos à administração local. Sem oferecer cobertura integral a todos os bairros e logradouros cariocas, a limpeza urbana claudicava em seus propósitos essenciais.

Em todo o período aqui tratado, o tema foi recorrente na imprensa. Entrava ano, saía ano, as notícias sobre o lixo acumulado em vários pontos do Rio de Janeiro eram constantemente apresentadas nos jornais. Embora as autoridades responsáveis sempre anunciassem medidas concernentes à solução dos problemas, o fato é que eles não foram debelados com a rapidez e a completude desejada pelos seus críticos. Mesmo assim, foi durante a década de 1950 que os principais aspectos relacionados à questão da limpeza urbana começaram a ser drasticamente enfrentados, modernizando-se todos os procedimentos de coleta de lixo e a utilização de equipamentos técnicos. Enquanto essas medidas não tomavam corpo, entretanto, o carioca tinha de enfrentar a sujeira que cobria grande parte do espaço público da capital:

> Limpeza da cidade — Um assunto que deve provocar as atenções da Prefeitura é, sem dúvida, o da limpeza do Rio de Janeiro. O Sr. Negrão de Lima encontrou uma cidade

suja, desde os seus bairros mais elegantes aos subúrbios longínquos, esses então inteiramente ignorados pela assistência municipal. (DC, 06 de abril de 1956, p. 4)

As perspectivas da cidade em 1957 — (...) O povo entra o novo período de 1957 sabendo que a água está difícil, que o lixo ainda permanecerá acumulado nas ruas, porque os veículos de que dispõe a Prefeitura estão desmantelados e não há esperança de consertá-los, nesta leal Cidade, que vai, por culpa de terceiros, perdendo o direito de usar o título de maravilhosa, que com tanto orgulho ostentava. (JB, 08 de janeiro de 1957, p. 5)

Começou em 1892 a procura da solução do problema do lixo — (...) Começou em 1892 a busca de uma solução para o problema do lixo, no Rio de Janeiro. Em setembro daquele ano, o Boletim da Intendência Municipal publicava uma comunicação do Ministério da Justiça, aprovando o contrato com a firma Giert & Lavagnino, para a feitura de planos visando à construção de fornos destinados à incineração do lixo. A tentativa resultou em nada. Seguiram-se outras, através de mais de meio século. Na opinião de um técnico [o engenheiro Nelson de Andrade Pinto, do Departamento de Obras da Prefeitura do Distrito Federal], as iniciativas fracassadas eram idênticas ao atual projeto [de autoria do vereador José Cândido Moreira de Sousa, em discussão na Câmara Municipal do Rio de Janeiro]. (JB, 17 de maio de 1957, p. 9)

Está mesmo em crise a coleta do lixo. Carência de novas viaturas coletoras para o serviço na Capital. — (...) A cidade, particularmente nos bairros Catete, Botafogo, Copacabana e Leblon vem crescendo verticalmente, não acompanhando os serviços municipais esse desenvolvimento. (...) O lixo carioca é de fácil decomposição, apodrecendo com rapidez. Fermenta nas lixeiras dos grandes edifícios, cujas dependências são assaltadas pelos miasmas, compreendendo-se a natural revolta da população, torturada à noite pelos cantantes mosquitos pernilongos. (DN, 03 de janeiro de 1957, Segunda Seção, p. 1)

"Fragrâncias" — Já disse um cronista que 'cada cidade tem o seu cheiro próprio'. Mas o Rio não cheira, fede. O mau cheiro carioca pode ser especialíssimo, capaz de enfrentar e vencer quaisquer outros congêneres que fazem mal cheirosas outras partes do mundo. (...) Botafogo com os seus esgotos ganhando no sábado, mas perdendo no domingo para os quase invencíveis despejos de Copacabana. O subúrbio fede a lama seca; já o Leblon transpira um suor agressivo, enquanto Laranjeiras, particularmente depois que chove, ressuma aquele característico odor de raízes podres. (...) A cidade fede, mas os seus donos se perfumam. Ainda há dias fui a uma festa oficial — como cheiravam todos! O ministro, os secretários, os deputados, os subsecretários, oficiais de gabinete, cônsules e magnatas todos haviam banhado suas importâncias e suas técnicas em litros de lavanda cara. (Crônica de Joel Silveira, DN, 02 de julho de 1957, p. 2)

Lixo em excesso onde falta água — Situação deprimente em toda Copacabana. Lixo acumulado na calçada, em frente aos edifícios: moscas, baratas e miasmas proliferam daninhamente em campo fértil. (DN, 1º de janeiro de 1958, Segunda Seção, p. 1)

Ameaçada de colapso a coleta de lixo por falta de viaturas. Necessidade de rápido reaparelhamento da Limpeza Urbana. (DN, 07 de janeiro de 1958, Segunda Seção, p. 1)

O mais extraordinário na coleta de lixo da capital, contudo, era a presença das carroças de burros. Responsáveis pelo transporte de boa parte do lixo coletado nas ruas da cidade, elas eram um espetáculo à parte. A simples manutenção da tropa de burros (1.500 no total) que puxavam as carroças coletoras era uma verdadeira mão de obra. Todos os dias, eles tinham de ser levados aos estábulos, onde se alimentavam e passavam as noites. Os pobres animais viviam sobrecarregados com o peso que transportavam e com as longas distâncias que percorriam na realização das tarefas. Diante das críticas, os encarregados do sistema de limpeza urbana da cidade prometiam acabar com as carroças e com o sofrimento dos burros, apontando como substituição mais adequada a contratação de milhares de garis para garantir a faxina da metrópole (JB, 03 de agosto de 1957, p. 9). Apesar das promessas, contudo, as dificuldades que cercavam a limpeza urbana do Rio de Janeiro se perpetuaram:

> "A paciência dos burros" — Legenda da foto: Dois burros municipais, com sua reconhecida paciência, esperaram, ontem, por mais de duas longas horas, atrelados a uma carroça cheia de lixo, em pleno centro de uma das pistas da Avenida Brasil, que lhes trouxessem socorro para mudar um dos pneus furados da viatura que arrastavam rumo à sapucaia. (DN, 1º de agosto de 1959, Segunda Seção, p. 1)

> Burros ainda transportam 2/3 do lixo de toda a Cidade — As carroças de lixo puxadas a burro não desaparecerão do Rio nos próximos cinco anos, se a compra de caminhões continuar a ser feita no ritmo atual. Mais de dois terços da Cidade ainda são servidos pelas carroças de burros, e os distritos e postos suburbanos continuam a pedir mais burros e carroças ao Departamento de Limpeza Urbana. Atualmente, pertencem ao DLU cerca de 1.500 burros. (...) A Limpeza Urbana é acusada pela SUIPA de desrespeito à lei que protege os animais. Equipe de fiscais da instituição denuncia o descumprimento da lei pelas próprias autoridades. (Reportagem de Sérgio Cabral, Fotos de Ronaldo Teoboldi; JB, 10 de abril de 1960, Segundo Caderno, p. 12)

As reclamações relativas à sujeira do espaço público da metrópole não se restringiam, porém, ao lixo que se acumulava em todas as calçadas. A presença ostensiva dos vendedores ambulantes também era um dos grandes motivos de preocupação. Além deles, pedintes e desvalidos de todos os tipos (crianças, velhos, doentes) se espalhavam pelas ruas da capital à espera da caridade alheia. Pelos registros da imprensa, pode-se observar que, apesar dos insistentes apelos para que alguma disciplina fosse imposta ao uso das calçadas e vias da cidade, o passar dos anos não revelou uma solução adequada. A eterna 'briga de gato e rato' entre fiscais e camelôs, por exemplo, ficaria marcada como uma tribulação constante na metrópole, rendendo conflitos e choques às vezes graves.

Ao ler os relatos da época, é inevitável se deixar tomar pela perplexidade diante da permanência de certas tendências e características tão próprias do Rio de Janeiro. Mais de cinquenta anos depois, o quadro social da metrópole exibe praticamente as mesmas contradições arraigadas da década de 1950, com todos os seus desdobramentos e consequências.[36] As favelas, de um lado, os ambulantes e pedintes, de outro. Esse espetáculo deplorável de descaso e abandono diante da sorte dos mais necessitados é um traço da configuração urbana brasileira, que perpassa todos os períodos de sua longa e complexa evolução. Pelo registro dos jornais consultados, apesar das promessas feitas e dos esforços empreendidos, as autoridades locais acabaram demonstrando, com certa naturalidade, que tinham imensa dificuldade para debelar as irregularidades:

---

[36] Tais persistências inconvenientes atravessam a história do Rio de Janeiro, marcando a sua geografia com a sujeira e com a dolorosa mendicância espalhadas pela cidade. Nos idos de 1956-1960, na região da Zona Sul, era em Copacabana, sobretudo, que tendiam a se concentrar os mais desvalidos em busca de esmolas e favores.

"Camelôs e Ambulantes" — Justifica-se amplamente o empenho manifestado pelas entidades representativas do comércio varejista, junto às autoridades municipais, no sentido de obter dos poderes públicos medidas acauteladoras do interesse não só dos estabelecimentos mercantis legitimamente organizados como do próprio fisco, em face do vulto que vem assumindo entre nós o tráfico de ambulantes e camelôs. (...) É de todas as horas a livre e aberta atividade dos contraventores. Enchendo as calçadas, afeando as ruas e praças, em locais de trânsito forçado e de intensa movimentação, camelôs e ambulantes apresentam tranqüilamente a sua mercadoria, em geral frutas e quinquilharias, como quem não se arreceia de qualquer ação coercitiva. (Editorial, DN, 1º de junho de 1957, p. 4)

Campanha da PDF contra o comércio clandestino — Ofensiva contra a sujeira da cidade — (...) transformado pelos camelôs o centro da cidade em verdadeira sapucaia. São caixotes, cestos, cascas de frutas e tudo que é utilizado para ornamentar as barraquinhas improvisadas que se instalam em plena Avenida Rio Branco e transversais. (DN, 13 de dezembro de 1957, Segunda Seção, p. 1)

PDF confessa que não tem forças para acabar com camelôs — A Prefeitura até agora não conseguiu reprimir o comércio clandestino que impera em toda a cidade, até nos subúrbios. O comércio de calçada continua desafiando a fiscalização municipal, num atentado à estética urbanística do Rio. Caixotes, latarias, mesas improvisadas são colocadas nas calçadas do Largo da Carioca, Avenida Rio Branco, Avenida Graça Aranha, Praça Saens Pena; também na zona sul, com especialidade em Copacabana, onde os clandestinos fazem uma autêntica feira-livre de artigos diversos. (DN, 13 de novembro de 1959, Segunda Seção, p. 1)

Ao mesmo tempo, e como expressão dessa evolução contraditória, no período da construção de Brasília, o Rio também passou por diversas modalidades de 'cirurgia urbana', que visavam adequar o espaço físico da cidade ao crescimento extraordinário da verticalização dos prédios e edifícios e ao aumento excessivo do número de veículos automotores em circulação. São dessa época algumas demolições que marcaram a história da metrópole e modificaram, de modo significativo, a sua fisionomia secular. É interessante observar que, de modo geral, os jornais tenderam a saudar com simpatia e entusiasmo essas mudanças na paisagem urbana da cidade, atribuindo-lhes um ímpeto modernizador e progressista. Em relação a esse aspecto específico da metrópole carioca daquela época, a imprensa manifestou total adesão às reformas:

> Demolição dos últimos prédios velhos da Rua da Misericórdia. Modifica-se a fisionomia da cidade pouco a pouco. — Pouco a pouco, os últimos resquícios do extinto Morro do Castelo e prédios que o circundavam vão desaparecendo, para dar lugar ao progresso e à extensão da cidade. (...) daquela área cuja remodelação trará inúmeras vantagens para os cariocas. (DN, 10 de janeiro de 1956, Segunda Seção, p. 1)

> Virão abaixo todos os pardieiros da cidade — Legenda da foto: No centro da cidade, são inúmeros os prédios velhos que virão abaixo, com a abertura das avenidas Norte-Sul e Perimetral e com o reloteamento das quadras. (DN, 30 de agosto de 1956, Segunda Seção, p. 1)

> "Revolução urbanística derrubará os prédios tradicionais da cidade. Desaparecerá o Hotel Avenida com a Galeria Cruzeiro e o Bar Nacional" — Legenda da foto: O Hotel Avenida — com a tradicional Galeria Cruzeiro — que surgiu no princípio do século vai desaparecer para dar lugar a um prédio de 34 andares. Aprovação da demolição pelo STF.

O Largo da Lapa, outro local dos mais conhecidos, mas como ponto de reuniões de freqüentadores boêmios pertencentes às classes menos favorecidas, e inclusive de indivíduos da alta roda da malandragem, também deverá sofrer transformações pela marcha do progresso. Desaparecerão cabarés, cantinas, o Cine Colonial, o Teatro Recreio, num novo, ainda que mais modesto, "bota-abaixo". (DN, 02 de setembro de 1956, Segunda Seção, p. 1)

Todo esse processo de demolição de quarteirões inteiros formados por velhos prédios residenciais e comerciais enfrentou uma forte resistência dos seus antigos proprietários e inquilinos. Ações na justiça se arrastaram por alguns anos, atrasando uma boa parte dos projetos elaborados pela Prefeitura e prolongando a permanência dos usuários nas referidas construções, ainda que de forma temporária. Foi o que aconteceu, por exemplo, com os prédios das ruas Clapp e Faroux, nas proximidades da Praça XV, que foram totalmente arrasados para a construção da Avenida Perimetral, considerada uma necessidade inadiável ao desafogo do tráfego de veículos na área central da cidade (JB, 1º de janeiro de 1958, p. 11). Decididos a não sair dali sem muita resistência, os diversos estabelecimentos comerciais instalados no local fizeram de tudo para impedir ou, ao menos, retardar a sua eliminação definitiva. Em alguns casos, as demandas das partes contrárias chegaram até a mais alta corte de justiça do país.

Um por um, os antigos marcos urbanísticos do Rio de Janeiro foram sendo extintos, tudo em nome do progresso e da modernização da capital. Um dos mais tradicionais pontos de referência histórica da cidade, o Morro de Santo Antônio, na área central, foi praticamente arrasado por inteiro, durante a década de 1950, restando apenas o pedaço no qual estão instalados o convento de Santo Antônio e a igreja da Ordem Terceira de São Francisco, duas das mais belas e imponentes relíquias da arte e da arquitetura coloniais. De seu arrasamento surgiram novas ruas e avenidas destinadas justamente a uma "melhor circulação" de automóveis, e a sua terra foi utilizada para aterrar espaços dentro da Baía de Guanabara. Nos jornais, como já foi aqui observado, misturava-se uma vaga e doce melancolia com uma indisfarçável crença na inevitabilidade do progresso, do qual, acreditava-se, a capital brasileira não conseguiria escapar. Nenhuma voz se ergueu, então, para ao menos indagar a natureza desse dito progresso ou mesmo a sua evidente parcialidade, posto que ele não representasse uma integração efetiva de toda a urbanidade nos novos padrões de desenvolvimento.

> Escândalo no Aterro da Guanabara — Toda a Baía de Guanabara estaria hoje aterrada se o número de viagens anotadas, e pagas, pela Prefeitura, no trabalho de transporte de terra do Morro de Santo Antônio para a enseada da Glória fosse real. (DC, 13 de abril de 1956, p. 12)

> Estará arrasado dentro de trinta dias o Morro de Santo Antônio — Para que o carioca tenha um tráfego mais desafogado e a cidade possa respirar, o Rio de Janeiro está perdendo o seu Morro de Santo Antônio. (DN, 06 de agosto de 1958, Segunda Seção, p. 1)

É na fala dos cronistas, porém, que as mazelas do Rio de Janeiro ganham cores mais vivas e fortes, acrescidas de incontáveis pitadas de ironia e sarcasmo. Entre a indignação e a perplexidade, essa fala expressa uma inquietação que perpassava amplos setores sociais da capital, justamente espremidos entre o mito tantas vezes apregoado da 'cidade maravilhosa' e a realidade estranha de uma metrópole conturbada e hostil. Nesses anos da construção de Brasília, quando o Rio experimentou uma de suas fases de maior crescimento físico e demográfico, as graves contradições do seu padrão de desenvolvimento explodiram de modo quase incontrolável. A pressão sobre os serviços públicos, já precários, associada à demanda crescente por investimentos em obras de infraestrutura e demais benefícios, só fez aumentar. Embora se possa reconhecer que as realizações da Prefeitura do Distrito Federal, nesse período, tenham sido relativamente abrangentes (criação da Sursan, construção de novas escolas, calçamento e pavimentação de ruas e logradouros públicos, ampliação da rede de saneamento e abastecimento d'água, remodelação de praças e ruas, e muitas outras[37]), é difícil não apontar também as enormes deficiências da capital em relação aos elementos básicos que constituem a urbanização moderna. Na voz dos cronistas, portanto, essas contradições se apresentaram em sua forma plena, num retrato sem retoques nem requintes, que exprimia vivamente o desconsolo de uma experiência também penosa e desgastante — a de viver no Rio de Janeiro — que se prolongava, todos os dias, numa sequência interminável de situações e acontecimentos.

> "O Prefeito" — (...) E o Rio, meu caro Francisco Negrão de Lima, está precisando de socorro urgente. É uma cidade abandonada e avacalhada. Seus problemas — a começar pelo mais sério e mais vergonhoso, a falta d'água — não encerram nenhum mistério; na Prefeitura você encontrará homens capazes em todos os setores. Dar força a esses homens, fazer com que eles trabalhem depressa e bem, com a certeza de que a política miúda não poderá atrapalhar — só com isso você será um grande prefeito.

---

[37] O prefeito Francisco Negrão de Lima governou a cidade do Rio de Janeiro de março de 1956 a julho de 1958, e o prefeito Sá Freire Alvim, de julho de 1958 a abril de 1960. Para uma relação mais detalhada da atuação de ambos à frente do Distrito Federal, é fundamental consultar o trabalho do engenheiro José de Oliveira Reis: *O Rio de Janeiro e seus Prefeitos, evolução urbanística da cidade*. Rio de Janeiro: Prefeitura da Cidade do Rio de Janeiro, 1977, pp. 145-161.

(...) O homem do povo carioca é um bicho cada dia mais maltratado, um pobre animal que boceja em filas, se espreme em conduções indignas, circula em ruas imundas, vive mal alimentado e mal alojado, perde saúde, tempo e nervos por causa dos problemas mais primários. (Coluna de Rubem Braga, DN, 22 de março de 1956, p. 2)

"Sangue quente" — (...) diante das agruras com que diariamente esta cidade, no máximo de sua pletora e do seu congestionamento, castiga uma população cuja característica principal sempre foi essa espécie de docilidade irônica que as injustiças e os sofrimentos vão gradativamente acabando. O carioca de hoje é um homem essencialmente enfezado, predisposto a agir com as próprias mãos, quando sente que a inoperância oficial não resolve nada. E se a isso se dispõe a gente do Rio, constituída na sua grande maioria de trabalhadores e de classe média, é porque sente que o que defende, com seus rompantes de revolta, é a própria sobrevivência. (...) Quando o cidadão carioca, dócil, cordato e dono de um reconhecido senso de humor resolve deixar de lado aquelas qualidades e agir com as próprias mãos, é porque a coisa chegou a um extremo insuportável. (Crônica de Joel Silveira, DN, 1º e 02 de julho de 1956, p. 2)

"Guerra" — A guerra é uma só, mas nós, os da retaguarda, sofremos mais. As filas, as restrições, os telefones emaranhados, o lixo e os buracos das ruas, a doideira dos preços — assim vivem os da retaguarda, emparedados na sua cidade sitiada, com os generais e os coronéis tomando conta dos postos, das rações, do trânsito, do rádio e da televisão. (...) Aliás, quem muito pergunta ouve o que não quer. Como aquela senhora que telefonou para a Companhia, reclamando da falta de gás, e teve esta resposta: 'Para que a senhora quer gás, se não tem carne para cozinhar?' É a guerra. (Crônica de Joel Silveira, DN, 1º de outubro de 1959, p. 2)

"O Rio amanhã" — Manhã cedo a torneira seca dói nos sentidos. O telefone, na metade da tarde, ronrona e não liga. E sobem dos cantos de rua, das curvas da praia e dos ângulos mais suaves os odores mais brutais. (...) Num aglomerado humano de mais de 3 milhões de pessoas, os problemas mínimos, aqueles que diferenciam um centro urbano de uma taba bugre, não foram resolvidos. A água não chega ao hotel de luxo, o trânsito é um rendilhado de nós cegos, a energia claudica, o fornecimento de gêneros é intermitente e difícil. Um aguaceiro de meia hora dissolve a cidade indefesa, reduz suas ruas e seu asfalto a uma grossa placa de lama. (Crônica de Joel Silveira, DN, 02 de abril de 1960, p. 2)

Esses resumos oferecidos pelos cronistas, ora bem-humorados, ora cáusticos, buscavam expressar justamente a insatisfação e o desânimo diante das dificuldades que perpassavam o dia a dia na metrópole carioca. Como intérpretes dos sentimentos contraditórios dos seus moradores, que se viam acuados perante o mito da 'cidade maravilhosa' afrontado pela rotina diária de infortúnios, os cronistas do Rio deixavam à mostra toda a sua inquietação e revelavam a enorme frustração que presidia as suas impressões sobre a cidade. A bem da verdade, na maior parte das vezes, a sua fala era um misto de desgosto e indignação, embora, em alguns casos, muito irônica.

Para os cidadãos comuns, como se pode perceber nos relatos da imprensa, a vida na capital era bastante atribulada. Não somente pelos custos elevados de sua manutenção, como também pelas adversidades naturais e urbanas que precisavam ser constantemente enfrentadas e vencidas, para realizar as tarefas mais simples do mero existir. Andar nos transportes públicos, fazer compras, alugar ou comprar uma casa, matricular os filhos na escola, arrumar um emprego, utilizar a energia elétrica, contar com assistência médica. E escapar das enchentes e dos temporais, dos assaltos e golpes, dos acidentes de tráfego, da violência policial, do mau cheiro e da sujeira, e de toda sorte de contratempos. Era preciso uma grande disposição!

A 'cidade maravilhosa', então, sempre decantada em prosa e verso mundo afora, acabava ficando mesmo restrita, em primeiro lugar, à publicidade oficial destinada a divulgar os encantos do Rio para os que vinham de outros lugares e que sempre se deixaram envolver pela beleza natural incomparável que caracteriza a linda Guanabara, apaixonando-se à primeira vista pelos seus inúmeros atrativos. E ainda, em segundo lugar, ao seleto grupo de privilegiados que, mesmo habitando a cidade, sempre conseguiu passar ao largo de todos os desafios e problemas que cercam a vida cotidiana na metrópole carioca, usufruindo de suas benesses sem ter de suportar o peso de suas muitas agruras e de seus desapontamentos.

— A mudança
da capital

Congresso Nacional em construção, Brasília, maio de 1959. FONTE: Arquivo Nacional. Fundo Agência Nacional.

> Tudo o que foi feito pelos seus adversários, para que ele não fosse candidato, para que não fizesse a campanha política, para que não tomasse posse está sendo renovado agora, a fim de que o presidente não governe bem, para que se afunde, para que se desgrace e com ele o Brasil.
> (Coluna de Augusto Frederico Schmidt, CM, 19 de fevereiro de 1956, p. 2)

O TEMA DA MUDANÇA DA CAPITAL ocupou, com bastante frequência, as páginas dos jornais aqui consultados. Com algumas poucas diferenças de ênfase entre eles, todos se mantiveram em franca (e contínua) oposição à ideia da construção de Brasília, sendo o Diário Carioca a única exceção, posto que houvesse dado um tratamento mais formal à questão, sem abordá-la muito por meio de opiniões e críticas. Assim, tanto nas colunas de opinião quanto nos editoriais, os jornais pesquisados insistiram na desqualificação da proposta, tachando-a, a princípio, de estapafúrdia, e tendendo a encará-la como mais um desses planos que acabam mofando nas gavetas da burocracia nacional.

A proverbial má vontade da imprensa carioca em relação ao presidente Juscelino Kubitschek não era disfarçada. Ao contrário, era estampada praticamente todos os dias nos noticiários, que não davam trégua ao governante: diante dos seus esforços para industrializar o Brasil, por exemplo, reclamavam da falta de política e proteção para a agricultura; frente ao seu ímpeto realizador na construção de Brasília, questionavam o péssimo estado do Rio de Janeiro e o acusavam por todas as mazelas da cidade. Lendo essas notícias, sem o devido distanciamento, fica-se com uma forte impressão de que o país estava completamente à deriva, à beira do caos, sem rumo e sem prumo.

Mais de cinquenta anos depois, no entanto, ao olhar a exuberância inigualável de Brasília, cuja arquitetura é objeto da admiração de muita gente, é impossível não se impressionar com tamanha discrepância entre o que diziam os jornais e aquilo que de fato se realizava no Planalto Central. E, mais ainda, quando se observa o cumprimento das metas propostas em seu plano de governo, com uma impressionante arrancada industrial que modificaria por completo o panorama socioeconômico do país. Ou na relativa estabilidade institucional e política presente em seu mandato, apesar das graves crises enfrentadas nos gabinetes e nas ruas. O Brasil real não 'saía' no jornal.

O que se lia sobre a mudança da capital, em geral, era contra. Por inúmeras razões, mas sempre contra. Além de todos os problemas relacionados à interiorização da futura capital, havia ainda as mazelas do Rio de Janeiro, que se tornariam indissociáveis dessa mudança, em todos os debates então realizados. Falar de uma coisa era o mesmo que falar de outra. Assim sendo, por meio do artifício de identificação absoluta entre a construção de Brasília e a degradação do Rio de Janeiro, procurou-se fomentar uma contínua animosidade em relação ao projeto, entre os cariocas, que foi dando lugar ao ressentimento e à aperreação, constantemente estimulados pelo noticiário. Anos depois, esta seria uma das principais bandeiras erguidas pela oposição para conquistar o governo do Rio (já transformado em Estado da Guanabara): o 'abandono' da cidade, o descaso frente aos seus graves problemas e a transferência da capital como culminância desse 'desprezo' demonstrado pelo governo federal.

Nos capítulos precedentes, foi possível observar, e com o auxílio do próprio noticiário dos jornais, que as adversidades do Rio de Janeiro transcendiam, em muito, a questão da mudança da capital para o Planalto Central. De fato, a cidade arrastava há décadas um sem-número de problemas de crescimento típicos do subdesenvolvimento. Por isso mesmo, as contradições desse processo histórico longo e complexo não se restringiam, como se desejava crer, à presença ou não da sede administrativa e política do Brasil em seu território. Iam muito além disso. Como já foi observado no início, a transferência da capital brasileira para o interior fora deliberada pela Constituição de 1891, no alvorecer do período republicano. Sua realização efetiva foi, assim, como disse o próprio presidente JK, o cumprimento de uma determinação constitucional.

Sem dúvida, a condição de capital nacional trouxe benefícios indiscutíveis para o Rio de Janeiro, durante os quase dois séculos em que a cidade desfrutou dessa contingência. A simples presença, em seu território, das instâncias superiores de administração e poder sempre lhe carreou relevância e centralidade, além dos polpudos investimentos e das obras urbanísticas e arquitetônicas que tendem a caracterizar as metrópoles mais importantes de qualquer país. Por outro lado, no entanto, a cidade também precisou abrir mão de sua trajetória própria de evolução, desde o momento em que ali se instalou a capital do Brasil. Muito provavelmente, diversos aspectos sociais e econômicos que marcaram os seus primórdios tiveram de ser deslocados para dar lugar a outros, que surgiram como prerrogativas de sua condição de capital.

Como saber qual teria sido a evolução histórica da cidade do Rio de Janeiro, se não tivesse acontecido a sua transformação em capital, no ano de 1763? Ainda que não se possam criar hipóteses sobre o que não houve, sobretudo em razão de sua mais completa inutilidade, cumpre lembrar que havia no entorno da Baía de Guanabara uma região com características socioeconômicas muito particulares, no momento em que a exploração da mineração de ouro nas Minas Gerais, no século XVIII, modificou por completo a geopolítica da colônia. A existência do litoral e do porto acabou forçando a conversão da cidade em sede colonial, com todos os desdobramentos e consequências daí resultantes. O Rio, portanto, tornou-se capital por força das circunstâncias. Mas deixaria de sê-lo em razão da edificação de uma nova sede para o Distrito Federal.

Nos anos da construção de Brasília, assim, os jornais cariocas aqui pesquisados trataram do tema com um misto de desdém e ressentimento, com a honrosa exceção do Diário Carioca, já mencionada. É bastante expressivo, e ilustrativo, esse contraste entre formas tão distintas de abordar um mesmo problema. Não dá para escapar da impressão de que, na verdade, de alguma forma, o leitor se encontrava era mesmo diante de visões diversas da questão, e não de informações propriamente ditas. Embora o assunto se prestasse realmente a esse tipo de abordagem, mais opinativo, o fato é que o noticiário da nova capital brasileira acabava ficando comprometido por conta desse declarado descontentamento de muitos editores e articulistas. A comparação abaixo entre duas versões do mesmo fato é bastante elucidativa:

> "A Mudança da Capital" — Não cabe aqui examinar as teses vitoriosas suscitadas pelo debate em torno da mudança da Capital, mas o carioca, é coisa notória, não tem maior interesse em reter no seu território a complexa e gravosa administração da República, preferindo que seja transferida para o interior uma massa compacta de cidadãos que não só poderão ser, no planalto, mais úteis ao país, como também aliviarão os problemas do Rio de Janeiro, abrindo uma chance aos grandes problemas metropolitanos.
>
> O Governo Federal, por seu lado, ganhará em eficiência e em estabilidade política, imune que ficará, praticamente, à pressão de descontentamentos oriundos da vida difícil e apertada de uma cidade que, como o Rio de Janeiro, cresceu desordenadamente, sem que esse crescimento fosse acudido pelo progresso nos serviços públicos. O Presidente da República tem hoje seu prestígio junto à opinião pública da Capital sujeito a incidentes da vida da cidade, portanto a fatos inteiramente estranhos à sua órbita específica de ação. (Coluna A Nossa Opinião, DC, 1º de julho de 1956, p. 4)
>
> "As reformas" — O Sr. Juscelino Kubitschek parece determinado a seguir a inspiração bandeirante e entrar de sertão adentro, para substituir árvores por casas, veredas

por ruas, levando a tiracolo para o Planalto Central a nova sede do governo. Homem reconhecidamente dinâmico e otimista, traduz essas qualidades propulsoras, numa certa vocação de pioneirismo muito útil a um país em fase de expansão como o Brasil. Mas responde a um imperativo de objetividade a mudança da Capital da República para as altas sertanias de Goiás?

Evidentemente, o Sr. Juscelino Kubitschek não preside os destinos de um povo nômade, que ame viver em tendas como pastores bíblicos. Apesar da falta de água e de outras carências mais ou menos municipais, já temos uma certa noção de conforto, um certo hábito, digamos.

Como poderíamos aceitar pacificamente a ideia de uma transplantação da sede do governo para uma região onde o agreste impera em toda a sua bela rudeza? (Editorial, CM, 04 de abril de 1956, p. 6)

De um lado, portanto, o desafogo da metrópole já suficientemente combalida pelo excesso de adversidades; de outro, o preconceito contra o interior do Brasil e o realce às condições de civilidade da capital. Essa estratégia de minimizar os afamados problemas do Rio, como a falta d'água, por exemplo, será amplamente empregada ao longo desse debate, numa tentativa clara de esvaziar os argumentos em prol de uma nova sede administrativa e política para o Brasil. Ora, o Rio de Janeiro tem lá os seus tropeços, mas nada que o impeça de exercer o papel que lhe coube de sediar a capital do País. Os grandes dilemas de uma evolução urbana deficiente ficam, assim, relegados ao último plano, e deixam de ser discutidos nessas situações de crise e transformação que poderiam contribuir para a elaboração de uma solução eficaz.

Ao mesmo tempo, as condições geográficas do local escolhido para a nova capital, no Planalto Central, também foram exaustivamente exploradas como sérias justificativas para a não aceitação da proposta de JK. A aridez da paisagem, a insuficiência de recursos naturais, o calor e a secura da região foram considerados elementos suficientes para desencorajar a instalação, ali, de uma nova metrópole. Na verdade, as matérias de jornal chegaram mesmo a falar de uma "cidade no nada". A ousadia do sonho presidencial de erguer uma nova capital para o Brasil foi muito mal compreendida, de início, e deu margem a uma grande exaltação de ânimos contrários. As sugestões e opiniões emitidas sobre o tema variavam numa ampla gama de recusas e condenações, apontando para toda sorte de descrédito e desconfiança.

> "Mudança da Capital" — Outro erro é julgar que a instalação da Capital no Planalto Central levará o progresso para o 'hinterland'. Nada disso. E cito o caso de Goiânia, que atraiu apenas alguns bisonhos fazendeiros atacados de urbanite. (...) A situação nacional, realmente, não é propícia à iniciativa da transferência da Capital: o que poderia ser feito, para começo de descentralização, era mudar a sede de certas autarquias. Instituto do Sal, para o Rio Grande do Norte. Instituto do Mate, para Santa Catarina. Instituto do Açúcar, para Pernambuco. Instituto do Café, para São Paulo. (Coluna de *All Right*, CM, 19 de fevereiro de 1956, p. 2)

> "A futura Capital" — A ofensiva em torno da mudança da Capital da República para o Planalto Central continua intensa. Já outro dia vi um anúncio espetacular de determinada empresa que está loteando e vendendo terrenos nas cercanias da área onde seria ou será (quem sabe?) localizada a futura metrópole brasileira. (Coluna de *All Right*, CM, 08 de abril de 1956, p. 2)

> "Endereço Novo" — Procurando compensar-se de algumas hesitações, o Sr. Juscelino Kubitschek aderiu de corpo e alma a um plano obsessivo — o da mudança da Capital da República. O pioneirismo, aquele sadio dinamismo

que todos esperavam nele tomasse a forma viva de grande propulsor do progresso nacional, pela coragem com que atacasse o problema básico da renovação da estrutura da vida brasileira [assumiu a forma] da adoção de um bandeirismo a século XVII, de irrecusável sabor anacrônico. (Editorial, CM, 10 de abril de 1956, p. 6)

"Aventura" — A região onde se imagina levantar a nossa futura metrópole não tem nenhum rio de importância, nenhuma queda d'água utilizável para uma forte produção de energia elétrica, nem terras férteis nas suas imediações, onde possam ser desenvolvidas culturas em grande escala para o abastecimento da população. Além disso, a região é assolada pela seca... (Coluna de *All Right*, CM, 12 de abril de 1956, p. 2)

Há informações que desmentem essas desconformidades, além de estudos sérios empreendidos por engenheiros e demais técnicos responsáveis pela consecução do projeto. Em matéria destinada a avaliar as condições primárias de preparação da área para o início da edificação da nova capital, o Diário de Notícias publicou entrevista com o célebre engenheiro Saturnino de Brito, que afirmou ser aquela região provida de abundantes mananciais, garantindo, portanto, o abastecimento de água para a população do novo Distrito Federal (DN, 03 de outubro de 1956, p. 2). É necessário observar neste ponto que, tão logo as obras da nova capital começaram a ganhar corpo, o noticiário dos jornais também modificou a sua ênfase: as críticas mais ácidas a Brasília cederam o lugar de destaque às indagações cada vez mais aflitas acerca do destino da velha capital.

Embora as preocupações com o futuro do Rio de Janeiro tendessem a ganhar maior relevo nas notícias de jornal, o desabono à ideia de uma nova metrópole no seio do Planalto Central, sede do poder federal, continuou pontuando as seguidas edições diárias dos jornais consultados. Entre os argumentos levantados para a explicação da "dispendiosa extravagância" representada pela transferência da capital, porém, houve uma razão considerada favorável a esse projeto: localizada no interior, a nova capital não necessitaria de grandes efetivos militares para sua proteção, pois estaria em lugar calmo e tranquilo, bem distante do litoral e das fronteiras do país (JB, 06 de abril de 1957, p. 6). Há indicações de que essa teria sido, inclusive, uma das principais motivações defendidas pelos autores da proposta na Constituição de 1891.

Apesar dos avanços rápidos com que se erguia Brasília, a indisposição da imprensa quanto ao projeto de JK era contínua. Ainda no finalzinho de 1956, quando o presidente foi à nova capital em construção para realizar um primeiro ato de governo, simbólica e materialmente, instalando-se em prédio provisório e assinando uma série de decretos, o tom do noticiário foi sempre malicioso e crítico. Mesmo reconhecendo ali a presença de intensa atividade desenvolvida por um grande número de trabalhadores e máquinas, a cavar e erguer inúmeros sítios construídos, as notícias preferiam insinuar a disposição presidencial inquebrantável de se afastar do Rio de Janeiro:

> "República do Nada" — Voou o Sr. Juscelino Kubitschek em companhia do General Lott para o Planalto Central. E logo a Agência Nacional entrou a noticiar de Brasília, que, por enquanto, é mato. O chefe do poder executivo pode assinar atos onde quer que entenda, no território nacional; mas, não pode dizer dentro de que prazo despachará ordinariamente na nova Capital. A data da mudança é objeto de lei do Congresso, que ainda não foi votada. (...) Para o Sr. Kubitschek, o problema do governo é trocar de sede. Não muda o ministério, mas quer mudar a Capital, onde não existirão mais problemas, sequer os municipais das ruas esburacadas, pois não existem ruas. (...) Não é do temperamento, não é da competência do Sr. Kubitschek resolver problemas ou encaminhar soluções. Precisa de um lugar quieto onde ser presidente

da República. De um lugar neutro, onde se dispense a capacidade civil do governo para realizar e a capacidade militar para pacificar. E, de resto, se não puder realizar esse desejo, terá preenchido os cinco anos de sua presidência ocupado na mudança; estando à disposição dela, se considerará dispensado de governar. Governe, se puder, o seu sucessor. Passando-lhe a faixa em Brasília, já lhe terá passado um conto do vigário: o da mudança da Capital. (Editorial, CM, 03 de outubro de 1956, p. 6)

"Duas Cidades" — Entrou no barracão e começou a despachar. O trabalho de assinar decretos, nomeações, transferências realizou-se com ligeireza inusitada, correndo a pena sobre o papel. Invadiu-o um sentimento de liberdade completa, perfeita. Podia, enfim, fazer o que entendeu por bem, sem que forças estranhas tolhessem o braço: nem congressistas, nem militares, nem pelegos, nem a imprensa, nem o clamor da opinião pública, nem a população do Rio de Janeiro. Enfim, nunca antes um presidente da República estivera tão livre. (Editorial, CM, 13 de novembro de 1956, p. 6)

Para uma parte da imprensa carioca, assim, a construção de Brasília teria sido um golpe fatal no prestígio e na projeção do Rio de Janeiro. Talvez por isso alguns jornais tenham se mantido numa posição pendular de ora atacar Brasília, ora se lamentar pelo destino da velha capital (com a exceção já mencionada do Diário Carioca). O fato é que não houve nenhum tipo de isenção. Os juízos e julgamentos se alternaram diuturnamente nos artigos e matérias de jornal. Ou bem se esculhambava o projeto da nova sede no Planalto Central, ou bem se lastimava o futuro incerto da metrópole carioca. Um plano que, a princípio, fora julgado infactível, que merecera toda sorte de descrédito e desconfiança, agora havia se transformado no propósito ameaçador que lançava por terra toda a longa trajetória da capital secular situada à margem da Baía de Guanabara. Que fazer? Como enfrentar os desafios lançados a uma cidade que perdia, "da noite para o dia", sua posição de centralidade na evolução histórica do país?

No terreno das especulações sobre o futuro do Rio, a imprensa carioca destacou inúmeros aspectos e recrutou diversos especialistas para avaliar as perspectivas que então se apresentavam. Basicamente, a questão se dividiu em duas partes principais: a primeira dizia respeito à condição da cidade no tempo que ainda estava por vir, suas perdas, seus ganhos, suas oportunidades; a segunda se referia ao caráter jurídico propriamente dito da nova condição que se impunha com a saída da capital, levantando o debate acerca da viabilidade de fusão com o Estado do Rio ou de constituição de uma cidade-estado autônoma, nova unidade da federação, portanto. Ambas se influenciavam mutuamente, é certo. No curso das discussões havidas, sobressaíram-se os elementos que mais preocupavam os assim chamados formadores de opinião.

Havia prós e contras de ambos os lados. Em coluna assinada pelo jornalista Otto Prazeres, por exemplo, a mudança da capital para Brasília foi encarada como uma verdadeira "desgraça para o Distrito Federal" (ou seja, o Rio de Janeiro). Lamentando a indiferença com que a população assistia ao movimento engendrado pelo presidente JK, o autor demonstrou enorme pessimismo frente à questão orçamentária, e argumentou que o novo Estado da Guanabara não teria meios de arcar sozinho com as próprias despesas (CM, 07 de novembro de 1956, p. 2). Isso, por si só, já era um gravíssimo problema. Na opinião do professor Corrégio de Castro, por outro lado, apresentada em palestra proferida em debate organizado pela União dos Servidores Municipais, na Biblioteca Municipal, depois de Brasília, "o Rio vai ficar como filho de rico falido". Sua principal justificativa era a de que o dinheiro que vinha de todo o Brasil e se derramava no comércio do Distrito Federal (ou seja, do Rio de Janeiro) iria deixar de ser gasto, depois que milhares de funcionários públicos se transferissem para Brasília

(JB, 16 de julho de 1957, p. 13). Desse ponto de vista, portanto, a perda da condição de capital representaria prejuízos significativos para o Rio, que deixaria de contar tanto com os investimentos federais quanto com os recursos provenientes dos rendimentos do funcionalismo.

Em termos do estatuto jurídico, então, o debate se acentuou ao longo de 1958, ganhando espaço cada vez maior nas páginas dos jornais, com destaque para o Correio da Manhã. Promovendo uma enquete intitulada "Que será do Rio?", o matutino carioca entrevistou diversas personalidades das mais distintas especialidades, com o intuito de colaborar para uma melhor definição dos rumos políticos e administrativos da cidade. As opiniões foram bastante variadas e giraram em torno, sobretudo, da integração ou não do velho Distrito Federal ao Estado do Rio. Como proceder para realizar essa transição da melhor forma possível, sem os traumas pressentidos pelos debatedores?

> Estado da Guanabara seria a oportunidade para ter-se unidade modelar na federação — Em população e produção, o Distrito Federal é maior que o Estado do Rio. Seria, portanto, mais lógico perguntar se o Estado do Rio deve ser anexado ao futuro Estado da Guanabara. E por que o Estado do Rio, que até hoje viveu com seus recursos, iria se anexar ao Distrito Federal? (Entrevista do engenheiro Paulo Novaes, CM, 22 de julho de 1958, 1ª página)

O general João de Segadas Vianna, por sua vez, mostrou-se totalmente favorável à fusão, acreditando que a cidade do Rio de Janeiro não possuía fundamentos econômicos e políticos para se equiparar aos demais grandes estados brasileiros, correndo, assim, o risco de se tornar um "estado de segunda ordem", marcado pela mais completa inexpressividade. A fusão, além do mais, representaria uma solução mais barata para o povo, porque seria muito mais econômico equiparar os salários dos dois funcionalismos do que montar estruturas burocráticas estaduais novas no Rio (CM, 24 de julho de 1958, p. 11). Embora apresentasse posições conflituosas e estimulasse o debate mais amplo da questão em foco, a enquete promovida pelo jornal pareceu prender-se aos aspectos mais teóricos, distanciando-se relativamente do embate político em si. Falou-se bastante de burocracia, déficit fiscal, organização administrativa, superposição de funções e poderes, e ouviram-se, principalmente, autoridades e especialistas. Do ponto de vista ideológico, porém, restaram a desconfiança e o ressentimento que, mais adiante, seriam amplamente explorados para fins políticos e eleitorais na velha capital.

Nessa perspectiva, Brasília seria a demonstração viva da perda de prestígio e de importância do Rio de Janeiro. A criação de uma nova capital para o Brasil, não obstante os incontáveis benefícios que pretendia trazer para o desenvolvimento do país, significava, acima de tudo, a afirmação de que o Rio 'não servia mais', tinha de ser suplantado por algo mais moderno e arrojado. Essa ferida no orgulho do carioca levou tempo para cicatrizar justamente porque foi intensamente manipulada pelos opositores do projeto, que pretendiam utilizá-la para fins políticos explícitos ou disfarçados. Os velhos problemas da metrópole, assim, ficaram esquecidos. Em seu lugar, surgiram em cores vivas e fortes as amolações e os dissabores provocados pela nota de desprestígio e declínio que a mudança da capital representava para o velho Distrito Federal.

Fora dos limites estreitos dessa exploração vil da construção de Brasília, algumas propostas foram oferecidas no sentido de dar ao Rio de Janeiro outras opções condignas das suas mais importantes tradições e da sua longa e brava história. Para o engenheiro e geógrafo Fábio Macedo Soares Guimarães, por exemplo, a perspectiva que se abria para o Rio, ao perder sua condição de capital nacional, era a de voltar-se para o papel de relevante capital regional (CM, 03 de agosto de 1958, p. 14). De fato, uma metrópole com a trajetória secular do Rio de Janeiro tinha plenas condições de exercer essa função, de mérito indiscutível, numa região que já se caracterizava pela mais ampla diversidade socioeconômica e cultural. Sua liderança incontestável era uma garantia de que os novos tempos vindouros poderiam ser de realizações e conquistas, e não de derrotas e ruínas, como se tentava apregoar.

Embora os jornais tenham deixado um pouco de lado a crítica vazia e torpe à construção de Brasília, em especial após o início dos trabalhos de edificação da nova capital, ainda apareciam, aqui e ali, objeções ao intento e zombarias dos percalços que porventura existiram ao longo desse processo intenso e atribulado. Denúncias contra a apropriação indébita de terrenos públicos para fins privados e especulativos foram relativamente comuns nessa época (Editorial, DN, 04 de junho de 1958, p. 4). As queixas diante da má fé dos espertalhões e golpistas que vicejavam na região de Brasília, esperando a melhor ocasião para dar o seu bote, também foram bastante presentes. Ainda assim, talvez num cochilo dos editores, ou mesmo numa incapacidade de negar o óbvio, uma ou outra notícia mais alvissareira acabava sendo publicada nos jornais:

> Mudança da capital ainda é problema para governo — À noite o espetáculo é realmente belo: milhares de luzes lançando uma onda de claridade na vasta escuridão do planalto. É como se uma cidade inteira estivesse funcionando na plenitude de suas atividades. Mas, chegada a manhã, a realidade é outra: existem apenas esqueletos de edifícios, embora alguns já tomando a sua forma própria. E assim é Brasília, onde as aparências são enganadoras e caprichosas. (DN, 04 de outubro de 1959, p. 3)

Embora se tornassem cada vez mais escassas as notícias propriamente ditas sobre a construção de Brasília, que cediam os espaços para a veiculação de opiniões e críticas ao projeto como um todo, vez por outra os noticiários deixavam escapar breves informações sobre o andamento do processo acelerado de erguimento da nova capital do Brasil. No geral, contudo, o tom predominante era de recriminação e descrença, sendo raras as ocasiões em que os bons resultados de toda aquela faina transformadora ocuparam as páginas dos jornais pesquisados. Por isso mesmo, foi incomum a postura do Diário Carioca, que saudou assim a mudança da capital:

> "Data memorável" — A transferência da Capital para o coração do Brasil tem, acima de tudo, um alto e eterno sentido de unidade nacional. Do planalto central o Governo poderá olhar mais de perto para todos os recantos do território brasileiro, dispensando-lhes a assistência necessária ao progresso e ao bem-estar. Impulsionará, assim, o desenvolvimento geral, distribuindo riquezas, oferecendo a cada homem e a cada mulher o quinhão de felicidade que merecem. (DC, 21 de abril de 1960, p. 4)

No dia 21 de abril de 1960, enfim, a inauguração de Brasília se efetivou e marcou para sempre os destinos do Brasil. A população do Rio de Janeiro começou a se preparar para esse evento com alguma antecedência. No dia 30 de janeiro de 1960, por exemplo, criou-se uma enorme expectativa em torno do grande desfile promovido pelo Departamento de Turismo e Certames da Prefeitura, a realizar-se da Praia do Russell ao Palácio do Catete, denominado de "Marcha do Adeus". Destinado a servir de despedida dos cariocas à Presidência da República, foi organizado com toda pompa, levando os seus participantes nas mãos tochas com petróleo brasileiro fornecido pela Petrobrás. As associações de Escolas de Samba, Frevos, Ranchos, Grandes e Pequenas Sociedades, por sua vez, também programaram, em frente ao Palácio do Catete, uma homenagem ao tradicional casarão que deixaria de ser a sede do poder nacional. E contaram com a amável participação do presidente JK, que receberia, após a cerimônia, uma comissão composta pelos dirigentes das referidas entidades (DN, 30 de janeiro de 1960, p. 7).

Na véspera, dia 20 de abril, o presidente e a sua comitiva se prepararam para a partida e para o adeus final à metrópole carioca. Pelo relato dos jornais, em sua última saudação à cidade, ao subir as escadas do avião que o levaria para Brasília, JK pronunciou a seguinte frase: "Viva o Estado da Guanabara!" Em sua fala derradeira na velha capital, Juscelino Kubitschek dirigiu-se à população carioca pelo rádio, no programa Voz do Brasil, prometendo inteira colaboração federal ao Rio de Janeiro:

> A tranquilidade de consciência pelo dever cumprido se reúne à tristeza do adeus a esta encantadora cidade do Rio de Janeiro que, com inexcedível generosidade, hospedou o governo durante quase dois séculos. (...) Ao despedir-me asseguro que, enquanto eu for Presidente da República, há de dar-vos o Governo Federal inteira colaboração a fim de que o Rio de Janeiro mantenha o título com que o mundo todo o consagra — Cidade Maravilhosa. (CM, 20 de abril de 1960, p. 3)

Ao contrário do que apregoavam os jornais, no entanto, a população carioca não parecia demonstrar ressentimento ou contrariedade contra o presidente da República, a quem fora saudar na porta do Palácio do Catete, de onde ele partiria com a família para o aeroporto, rumo à Brasília, para inaugurar a nova capital. Vendo o seu carro ser cercado pelos transeuntes, que lhe acenavam com sorrisos e palmas, o presidente JK revelou o seu assombro e a sua emotiva surpresa:

> Cônscio do papel que representava no momento, sentia-me profundamente comovido. Entrei no automóvel e mandei que seguisse para o aeroporto. Quando o carro se pôs em movimento, a multidão avançou como uma massa compacta, densa, tornada consistente pelo pensamento comum que a inspirava, e prestou-me uma das maiores manifestações públicas de que já fui alvo na

vida. As aclamações eram ruidosas. Sucediam-se os vivas. Lenços brancos agitavam-se dos dois lados do carro. (Kubitscheck, 2002, p. 362)

Não deixa de ser espantoso que nenhum dos jornais consultados tenha registrado esse momento. Talvez, as reportagens nem estivessem presentes à despedida acontecida na porta do Palácio do Catete, sede da República, na cidade do Rio de Janeiro. O espanto do próprio presidente com o carinho da população, quem sabe, também fosse herdeiro direto do contínuo assédio movido contra ele pela imprensa carioca. Afinal de contas, pelo que se lia nos jornais, o Rio de Janeiro em peso lamentava a transferência da capital para Brasília e culpava o presidente pelas agruras daí em diante vividas pela cidade. Cabia a ele, e a mais ninguém, a perda de todas as virtudes da 'cidade maravilhosa'. Era assim que os jornais costumavam apresentar o problema. Ele próprio admitiu que esperava um tratamento desse tipo. Por isso mesmo, ficou tão surpreso com o carinho recebido:

> Havendo construído Brasília, eu impusera ao Rio a perda dos privilégios e das honras de sede do governo da República. Os serviços federais, as autarquias, a representação diplomática que tanto brilho davam às noites cariocas — tudo isso iria cessar. Seria natural que a população local se irritasse e que eu — o autor de toda aquela transformação — fosse vaiado, apupado, quando aparecesse em público. (Ibidem)

Certamente, aqueles populares que foram ali saudar o presidente e sua família, no momento da partida para Brasília, não eram de fato os frequentadores dos salões e das festas que engalanavam a noite carioca e ajudavam a promover o mito da cidade maravilhosa. Esses, pelo que se pôde depreender da leitura dos jornais, preferiram se manter distantes, resguardando a postura de pouco caso e de despeito. O resto da população aderiu à celebração e tratou de aproveitar a comemoração festiva.

Todos os canhões das fortalezas de Rio e Niterói saudaram o nascimento do Estado da Guanabara e a inauguração de Brasília, com salvas de 19 tiros, no primeiro minuto do dia 21, por decisão do Ministro da Guerra, Marechal Odílio Denis (JB, 20 de abril de 1960, 1ª página). A população comemorou com carnaval a 'chegada' do Estado da Guanabara, fazendo uma grande festa por todos os cantos da cidade. Desfile das Escolas de Samba, iluminação especial nas ruas urbanas e suburbanas, tocar de buzinas e repicar de sinos marcaram a passagem do Rio de Janeiro à sua nova condição (DN, 20 de abril de 1960, 1ª página). A animosidade contra o projeto, tantas vezes propalada pela imprensa local, não pareceu ter encontrado eco no povo e cedeu lugar ao otimismo e à esperança, com os quais os cariocas aclamaram a nova era que se anunciava para a sua história.

A inelutável mudança da capital, contra a qual só se poderia então esbravejar e praguejar, por fim promoveu também a instalação no Planalto Central de sucursais de praticamente todos os jornais cariocas. Era de lá que os seus repórteres mandavam as notícias. "Direto de Brasília!" Instalados os três poderes da República, em cerimônias bastante concorridas e prestigiadas, em que o presidente JK chegou a ser mesmo ovacionado, anunciou-se a hora das festas e dos banquetes oferecidos aos convidados nacionais e estrangeiros. Presidentes e demais autoridades, jornais e redes de televisão de todo o mundo louvaram o nascimento de Brasília, uma ousadia moderna em pleno coração do território brasileiro:

> A inauguração da nova Capital do Brasil está alcançando repercussão mundial. Presidentes de várias nações enviaram mensagens de congratulações ao Presidente Kubitschek, enquanto jornais de renome internacional dedicam artigos e extensas reportagens a Brasília,

exaltando a importância da obra, pelo seu pioneirismo e grandiosidade. (JB, 21 de abril de 1960, p. 10)

Cerca de mil trajes a rigor foram alugados para as festas de Brasília. Esgotados os estoques da Casa Rolas [loja especializada do Rio de Janeiro]. (CM, 21 de abril de 1960, p. 7)

Brasília: pão e ovos vão do Rio pelo ar — Grande carregamento de pão e ovos para Brasília está sendo providenciado, através da COFAP, para que na data da inauguração da nova capital os convidados do governo não fiquem privados daqueles alimentos. O pão e os ovos serão levados em aviões da FAB, amanhã, para Brasília. (DN, 19 de abril de 1960, p. 12)

Enquanto a população do Rio de Janeiro se esbaldava em comemorações e festas que duraram até a madrugada (e manifestava também a sua devoção em diversas missas pelas igrejas da cidade), e ao mesmo tempo repercutia em vários países o feito histórico da inauguração de Brasília, os jornais cariocas continuavam pontuando a sua cobertura com indicações dos problemas e aperreios que cercavam a vida inaugural da nova capital. A princípio, tudo pareceu muito difícil, especialmente para quem vinha de grandes metrópoles e se acostumara aos recursos disponíveis nessas regiões. O transporte, por exemplo, que acabaria sendo um problema crucial do novo Distrito Federal, era precário e limitado aos táxis caros (JB, 20 de abril de 1960, p. 5). A água, excessivamente clorada, segundo a opinião da imprensa, tendia a causar, nos primeiros dias, distúrbios intestinais (cólicas e diarreia) em geral muito dolorosos (JB, 20 de abril de 1960, 1ª página). E a habitação popular, que tantos dramas já vinha causando no Rio, em Brasília também acabaria deixando à espera de uma sorte melhor uma população de aproximadamente 60 mil favelados (JB, 21 de abril de 1960, Suplemento Brasília-Rio, p. 4).

Nesse mesmo instante da partida final, da transferência definitiva da capital brasileira para o Planalto Central, insinuou-se a hora das avaliações, do balanço decisivo entre o passado e o futuro. O confronto entre duas experiências tão distintas — Rio e Brasília — se revelaria mesmo inevitável para os jornais. O velho e o novo agora se defrontavam num mesmo contexto, e motivavam explicações e análises as mais diversas. O padrão já usual de exaltação das virtudes cariocas tornou a aparecer, ainda que um tanto vazio, quase como um lamento de despedida, sem muito fundamento. No alvorecer de uma nova era do desenvolvimento brasileiro, o choque entre duas tendências marcantes em sua longa evolução se fez notar aos olhares mais atentos e evidenciou o proverbial embate entre as antigas tradições e as ousadias inovadoras:

> "A Velha Capital" — No solo carioca, na velha capital que amanhã se transmuda em unidade autônoma, e se investe dos deveres constitucionais e da austeridade das unidades federativas, viveram Rui, Nabuco, Machado de Assis, Bilac, Coelho Neto, os grandes juristas, os mais eminentes cientistas, os autores das mais belas páginas da literatura brasileira. (Texto de Martim Alonso, JB, 20 de abril de 1960, p. 3)

> "O Problema da Guanabara" — O Estado da Guanabara (...) começa hoje a sua vida de unidade da Federação, sob intervenção federal e a braços com uma crise política, administrativa, social e financeira sem precedentes. (...) O povo carioca vê-se colocado, mais uma vez, diante de um desafio, e não pode fugir à responsabilidade, não apenas por uma questão de sobrevivência, mas por ter sido, através da História, o mais inconformado e irreverente de todo o Brasil. (JB, 21 de abril de 1960, p. 3)

> Entraram em choque, nas últimas 72 horas, em Brasília, as duas concepções de Brasil, as duas tendências contraditórias que estão marcando, de maneira dramática, esta

> fase de desenvolvimento rápido do País: a necessidade de planejamento, evidenciada pela própria grandeza arquitetônica da nova Capital, entrou em contato, de maneira abrupta, com o hábito da improvisação, tão arraigado ainda no espírito do povo brasileiro e dos seus dirigentes. (JB, 22 de abril de 1960, p. 3)

Nascia uma nova era de desenvolvimento no Brasil, que deixava à mostra todas as contradições de sua evolução histórica. Naquele momento específico, em que tantas forças e tantos interesses se manifestavam com tamanho vigor, surgia uma oportunidade ímpar para a revisão rigorosa e crítica desse passado, com vistas à preparação do caminho futuro. Um balanço do debate havido na imprensa, porém, sugere que essa oportunidade se perdeu ali, em meio a uma sequência enfadonha e repetitiva de opiniões e julgamentos preconcebidos, francamente determinados por objetivos políticos e ideológicos mal disfarçados de combate à aliança PSD-PTB que governava o país.

Assim sendo, em lugar de fomentar uma discussão positiva dos principais problemas da velha capital e da construção de Brasília, contribuindo de fato para o alcance de boas soluções, os jornais consultados (com a exceção já tantas vezes mencionada do Diário Carioca) optaram pela oposição sistemática ao projeto do presidente JK, deixando de colaborar verdadeiramente com o progresso das condições socioeconômicas vigentes no Brasil. De modo contraditório, embora ressaltassem com frequência as mazelas do Rio de Janeiro, acabavam se refugiando no mito da 'cidade maravilhosa' e do 'carioca gente boa', sempre que as dificuldades se tornavam muito agudas. Quanto à Brasília, da mesma forma, oscilaram entre a ironia e o deboche, ou o despeito e o rancor, quando finalmente perceberam que ela se tornaria um sucesso.

Construção de Brasília, dezembro de 1959. FONTE: Arquivo Nacional. Fundo Agência Nacional

À GUISA DE CONCLUSÃO

LONGE DO RIGOR ACADÊMICO que preside a elaboração de teses, dissertações e demais artigos ou livros, este ensaio tentou propor um questionamento às formas convencionais de tratar a mudança da capital brasileira para o Planalto Central. Com base nos registros da imprensa carioca da época (1956-1960), e contando ainda com minhas memórias e experiências vividas, foi possível montar um elenco de temas e argumentos que induzem a uma reflexão acerca tanto da transferência em si quanto da forma como ela foi interpretada pelos jornais daquele período histórico, revelando a natureza da opinião então publicada sobre acontecimentos assim tão relevantes.

Sem um conjunto específico de hipóteses a testar, este ensaio conduziu sua análise para o campo da pesquisa empírica, propriamente dita, deixando que o próprio noticiário colhido na imprensa indicasse os principais elementos a serem abordados. Sua bússola, no entanto, foi uma suposição inicial de que a mudança da capital para Brasília, em si, não teria sido um acontecimento de consequências tão devastadoras sobre a cidade do Rio de Janeiro. Ou seja, o trabalho aqui proposto partiu da noção de que nenhum fato histórico isolado, por mais relevante que seja, tem esse poder assim tão implacável de destruir uma trajetória gloriosa, próspera e bem-sucedida. Nesse sentido, uma primeira observação que pode ser feita, à guisa de conclusão, é que os problemas mais graves da metrópole carioca antecediam, e muito, Brasília.

Com tal afirmação, porém, não se pretende desconsiderar nem desprezar o impacto que a transferência da capital teve, de fato, sobre a metrópole carioca. Sua perda indiscutível de centralidade, seu abandono da irrefutável posição de 'cidade símbolo' do Brasil, acima de tudo, no exterior, exerceram, sem dúvida, um papel desagregador na imagem que a população local fazia de si mesma e de sua terra. Certo ressentimento, como foi observado em diversas passagens do texto, misturado a uma indisfarçável amofinação consequente ao orgulho ferido, dominou os espíritos por um bom tempo. O que ficou relativamente claro, contudo, foi que o uso ideológico desse rancor aflito, com claras motivações políticas e eleitorais, dificultou a cura e prolongou a dor provocada pela sua perda da condição de verdadeiro coração do país.

Durante a construção de Brasília, o Rio de Janeiro exibiu uma estrutura urbana bastante problemática, em todas as esferas ligadas ao bem-estar da população. Segundo os registros da imprensa, o transporte era difícil, caro e precário; a habitação deixava tanto a desejar que provocou a mais ampla disseminação de favelas e loteamentos irregulares por toda a extensão da metrópole; os subúrbios e bairros periféricos pareciam relegados ao mais completo abandono; a segurança pública, por seu lado, era matéria de forte preocupação para os habitantes da cidade; a saúde pública, apesar dos avanços alcançados em termos de campanhas de vacinação e prevenção de doenças infectocontagiosas (como a lepra e a tuberculose, por exemplo), ainda precisava aprimorar consideravelmente o atendimento nos hospitais e demais serviços.

Tudo isso contribuía para fazer um contraponto incontestável ao difundido mito da 'cidade maravilhosa'. Embora a beleza natural do Rio fosse inegável, e ainda que a alegria e a sensualidade de seus habitantes já estivessem consagradas no imaginário popular, o dia a dia atribulado na metrópole ficava bem longe desse arquétipo tão amplamente divulgado para fins comerciais e políticos. O carioca também sabia fazer caretas, organizar protestos, promover quebra-quebras, liderar greves, reclamar mudanças. Durante os anos da construção de Brasília, a se acompanhar o noticiário dos jornais, a população local parecia estar mais preocupada com a solução dos seus graves problemas cotidianos do que com a transferência da capital. Se as duas coisas tivessem caminhado juntas, é provável que o desfecho desse processo tivesse sido mais positivo.

Como não foi, restou a dicotomia forjada por fortes interesses políticos, da qual somente um dos lados acabou sendo exaustivamente explorado. Ou seja, a 'cidade maravilhosa' tinha sido relegada a um segundo plano, desprezada em favor de outra, abandonada à própria sorte, depois de tantos serviços prestados à nacionalidade brasileira, e sem pedir nada em troca. Agora, encontrava-se diante de um futuro incerto, imersa em profundos problemas e dramas, e talvez sem os meios para solucioná-los. Que fazer? Uma clareza de ideias que permitisse enxergar as dimensões complexas e contraditórias da longa evolução urbana do Rio de Janeiro e propiciasse uma visão crítica precisa do enfrentamento dos seus dilemas mais relevantes foi justamente a ausência mais significativa em todo esse debate promovido pela imprensa.

O que salta aos olhos é o fato de que o desenvolvimento brasileiro prescindiu, ao longo de décadas, do bem-estar da maior parte de sua população. E também a inegável realidade de que o noticiário veiculado pela imprensa não fazia a ligação entre uma coisa e outra. Ou seja, a melhoria geral das condições de vida da maioria do povo não era exatamente uma preocupação presente nas reflexões e nas ilações apresentadas pelos jornais, em seus editoriais, matérias ou colunas de opinião. Havia, sim, fartas críticas e condenações à ação de políticos, autoridades, legisladores e demais responsáveis pela situação conjuntural desfavorável daquele momento, num e noutro aspecto. Mas nem de longe se aventava a hipótese de que o Brasil só teria mesmo um ciclo seguro e virtuoso de desenvolvimento quando decidisse incorporar o seu grande conjunto populacional a um projeto de crescimento de longo prazo.

Por isso mesmo, impressiona o reconhecimento de que o Rio de Janeiro, capital e principal cidade brasileira, apresentasse tais características na década de 1950. Para a maior parte dos bairros, como foi indicado, o saneamento básico era artigo de luxo. A cobertura dos serviços de coleta e tratamento de esgotos era significativamente modesta, tendo em vista que o crescimento populacional e o incremento contínuo das edificações experimentaram um aumento explosivo nesse período. Os resultados mais corriqueiros dessas contingências eram os casos de tifo e diarreia, que se ampliavam em toda a região. A falta d'água, por outro lado, tinha consequências ainda mais perversas sobre toda a população, indiscriminadamente, comprometendo as condições de higiene e salubridade em todos os quadrantes da velha capital. Como foi observado no texto, as próprias atividades econômicas em que a cidade pretendia se destacar — tal qual o turismo, por exemplo — acabavam ficando totalmente prejudicadas. Saúde e bem-estar, conforme os próprios médicos já indicavam na época, tinham uma relação direta com a higiene e a alimentação. Privar-se das duas era o caminho certo para a doença.

Outro aspecto de grande relevo para as condições gerais de higiene da cidade era a questão do lixo. Pensar que parte da coleta realizada pelo departamento de limpeza ainda era feita em carroças de burros parece incrível! E que esses animais, em sua infinita paciência, fossem obrigados a suportar pesos excessivos e demoras prolongadas soa mais inacreditável ainda! Mas foi assim que evoluiu o Rio de Janeiro durante a construção de Brasília. Ao mesmo tempo em que exibia traços de uma metrópole avançada, rasgando avenidas para dar passagem ao automóvel e erguendo arranha-céus cada vez mais altos, transparecia traços e memórias típicos do século XIX.

Tanto quanto os aspectos materiais e concretos dessas contradições explícitas, impressionam também os elementos intangíveis que puderam ser flagrados nessas e naquelas menções, referências e descrições encontradas nos jornais. Sobretudo quando expressaram valores e visões de mundo, nesses casos, carregados de preconceitos e tradicionalismos. É o caso do moralismo mesquinho que tantas vezes apareceu nos noticiários, em especial, quando se tratava de abordar modos e costumes, como nos casos dos namoros em locais públicos, dos bailes de carnaval e da explosão do *rock 'n' roll*. E da condição da mulher, ainda prisioneira de tantas sanções e restrições, impedida de exercer com maior plenitude todos os seus potenciais. Ou, então, do preconceito velado contra as religiões de origem africana, que ousavam exibir os seus ritos nas praias da cidade, em datas festivas, provocando a desconfiança e o desprezo das reportagens. É no mínimo curioso que uma cidade que se dizia libertária se mostrasse assim.

Todos esses elementos combinados, portanto, ajudaram a construir aqui um panorama do Rio de Janeiro, no período da construção de Brasília, um pouco diferente daquele já disseminado na cultura local. Havia muitos conflitos a resolver, muitos combates a travar. Para fazer do Rio uma cidade maravilhosa de fato seria preciso avançar bastante, e em várias direções. A começar pela sua desigualdade de oportunidades e situações. Seria necessário integrar mais. Promover maior harmonia, aproximar pontos distantes e estranhos, aliviar tensões e riscos. Agregar, ampliar, disseminar, apaziguar, semear, verbos transitivos diretos e indiretos.

Por fim, cumpre destacar que, entre as mudanças e permanências, observa-se um intrigante poder de preservação de certos valores e costumes que atravessaram as décadas. Pelo bem e pelo mal. De um lado, uma desonestidade tão disseminada, em tantas dimensões, que causa espanto. Chega a ser mesmo constrangedor, por exemplo, notar esse pendor para a vigarice que se espalhava na cidade, em tantas atividades distintas, inclusive naquelas destinadas à proteção de 'menores abandonados' e aos cuidados dispensados aos doentes mentais. Esse despudor com que se mostravam a má-fé e a perversidade, sobretudo, diante de criaturas totalmente indefesas e desvalidas, é mesmo chocante. Assim como impressiona muito a quantidade de crimes bárbaros e cruéis cometidos com inquietante regularidade.

Como foi observado anteriormente, é provável que a presença da capital tenha servido como uma 'cortina de fumaça' que ajudou a encobrir as principais mazelas da metrópole carioca. O prestígio decorrente daquela centralidade, aliado à indiscutível beleza natural da Guanabara, pode ter contribuído para disfarçar o quadro geral de deficiências que predominava na região. À guisa de conclusão, portanto, é possível levantar a hipótese de que a história do Rio de Janeiro, durante os anos da construção de Brasília, tenha sido marcada por contradições e desafios que, não tendo sido enfrentados de modo satisfatório na ocasião, acabaram se perpetuando por muitas décadas.

REFERÊNCIAS

ABREU, Maurício de Almeida. *Evolução urbana do Rio de Janeiro.* 3ª ed. Rio de Janeiro: IPLANRIO, 1997.

ABREU, Maurício de Almeida (org.). *Rio de Janeiro*: formas, movimentos, representações. Estudos de Geografia Histórica Carioca. Rio de Janeiro: Da Fonseca Comunicação, 2005.

AGUIAR, Ronaldo Conde. *Almanaque da Rádio Nacional.* Rio de Janeiro: Casa da Palavra, 2007.

BENEVIDES, Maria Victoria de Mesquita. *O governo Kubitschek.* Desenvolvimento econômico e estabilidade política (1956-1961). 3ª ed. Rio de Janeiro: Paz e Terra, 1979.

BRANDÃO, Carlos Antônio Leite (org.). *As cidades da cidade.* Belo Horizonte: Editora UFMG, 2006.

CABRAL, Sérgio. *As Escolas de Samba do Rio de Janeiro.* Rio de Janeiro: Lumiar, 1996.

CAMPOS, Andrelino. *Do quilombo à favela.* A Produção do "Espaço Criminalizado" no Rio de Janeiro. Rio de Janeiro: Bertrand Brasil, 2005.

CASTRO, Ruy. *Ela é carioca.* Uma enciclopédia de Ipanema. São Paulo: Companhia das Letras, 1999.

COSTA, Haroldo. *100 Anos de carnaval no Rio de Janeiro.* São Paulo: Irmãos Vitale, 2001.

COUTO, Ronaldo Costa. *Brasília Kubitschek de Oliveira.* 5ª edição revista. Rio de Janeiro: Record, 2006.

COUTO, Ribeiro. *A cidade do vício e da graça*. Rio de Janeiro: Arquivo Público do Estado do Rio de Janeiro, 1998.

DAVIS, Mike. *Planeta Favela*. Tradução: Beatriz Medina. São Paulo: Boitempo, 2006.

EVANGELISTA, Helio de Araujo. *Rio de Janeiro – violência, jogo do bicho e narcotráfico segundo uma interpretação*. Rio de Janeiro: Revan, 2003.

FAOUR, Rodrigo. *Revista do Rádio*. Rio de Janeiro: Relume Dumará, 2002.

FERREIRA, Marieta de Moraes (coord.). *Rio de Janeiro*: uma cidade na história. Rio de Janeiro: Editora FGV, 2000.

GATTÁS, Ramiz. *A indústria automobilística e a 2ª Revolução Industrial no Brasil*. Origens e Perspectivas. São Paulo: Prelo, 1981.

GOMES, Angela de Castro (org.). *O Brasil de JK*. 2ª ed. Rio de Janeiro: Editora FGV, 2002.

GREMAUD, Amaury Patrick; SAES, Flávio Azevedo M. de; TONETO Jr., Rudinei. *Formação econômica do Brasil*. São Paulo: Atlas, 2008.

HARVEY, David. *A produção capitalista do espaço*. Tradução: Carlos Szlak. São Paulo: Annablume, 2005.

KUBITSCHEK, Juscelino. *Por que construí Brasília*. 2ª ed. Brasília: Senado Federal, 2002.

LEFEBVRE, Henri. *O direito à cidade*. Tradução: Rubens Eduardo Frias. São Paulo: Centauro, 2001.

LESSA, Carlos. *O Rio de todos os Brasis*. Uma reflexão em busca de auto-estima. Rio de Janeiro: Record, 2000.

LOBO, Eulália Maria L. *História do Rio de Janeiro*. Do capital Comercial ao capital industrial e financeiro. 2v. Rio de Janeiro: IBMEC, 1978.

LOBO, Eulália Maria L. (coord.). *Rio de Janeiro operário*. Rio de Janeiro: Access, 1992.

LOBO, Eulália Maria L. *Imigração portuguesa no Brasil*. São Paulo: Hucitec, 2001.

MANSUR, André Luis. *O Velho Oeste Carioca*. Rio de Janeiro: Ibis Libris, 2009.

MARICATO, Ermínia. *Habitação e cidade*. 7ª ed. São Paulo: Atual, 1997.

MARICATO, Ermínia. Dimensões da Tragédia Urbana. *Com Ciência*: Revista eletrônica de jornalismo científico. 10 mar. 2002. Disponível em: https://www.comciencia.br/dossies-1-72/reportagens/cidades/cid18.htm. Acesso em: 26 ago. 2022.

MOTTA, Marly da Silva. *Saudades da Guanabara*. Rio de Janeiro: Editora FGV, 2000.

PENNA, José Osvaldo de Meira. *Quando mudam as capitais*. Brasília: Senado Federal, 2002.

PERDIGÃO, Paulo. *No Ar PRK – 30*. Rio de Janeiro: Casa da Palavra, 2003.

REIS, José de Oliveira. *O Rio de Janeiro e seus prefeitos*: evolução urbanística da cidade. Rio de Janeiro: Prefeitura do Rio de Janeiro, 1977.

RIBEIRO, Ana Paula Goulart. *Imprensa e história no Rio de Janeiro dos anos 50*. Rio de Janeiro: E-papers, 2007.

RIBEIRO, Luiz Cesar de Queiroz; SANTOS JÚNIOR, Orlando Alves. "Desafios da Questão Urbana". *Le Monde Diplomatique Brasil*, abril de 2011, pp. 4-5.

ROMERO, José Luis. *América Latina*: As Cidades e as Ideias. Tradução: Bella Josef. Rio de Janeiro: Editora UFRJ, 2004.

SANTOS, Angela Moulin S. Penalva. *Economia, espaço e sociedade no Rio de Janeiro*. Rio de Janeiro: Editora FGV, 2003.

SANTOS, Milton. *A urbanização brasileira*. 5ª ed. São Paulo: Edusp, 2005.

SAROLDI, Luiz Carlos; MOREIRA, Sonia Virgínia. *Rádio Nacional*: o Brasil em sintonia. 3ª ed. Rio de Janeiro: Jorge Zahar Editor, 2005.

SILVA, Maria Laís Pereira da. "Favelas do Rio de Janeiro: localização e expansão através do espaço (1928-1964)". In ABREU, Maurício de Almeida (org.). *Rio de Janeiro*: formas, movimentos, representações. Estudos de Geografia Histórica Carioca. Rio de Janeiro: Da Fonseca Comunicação, 2005, pp. 154-175.

SINGER, Paul. *Economia política da urbanização*. 2ª ed. São Paulo: Contexto, 2002.

VALLADARES, Licia do Prado; MEDEIROS, Lidia. *Pensando as favelas do Rio de Janeiro, 1906-2000*. Uma bibliografia analítica. Rio de Janeiro: Relume Dumará, 2003.

ZALUAR, Alba; ALVITO, Marcos (orgs.). *Um século de favela*. Rio de Janeiro: Editora FGV, 1998.

JORNAIS

Correio da Manhã, 1956-1960.

Desenvolvimento & Conjuntura, ano III, nº 7, julho de 1959.

Diário Carioca, 1956-1960.

Diário de Notícias, 1956-1960.

Jornal do Brasil, 1956-1960.

Jornal do Commercio, 1956-1960.

1ª edição	dezembro 2022
impressão	meta
papel miolo	pólen soft 80g/m²
papel capa	cartão triplex 300g/m²
tipografia	mendoza e filson